GUIA DA MULHER SOLTEIRA

CB131791

Imogen
LLOYD WEBBER

GUIA DA MULHER SOLTEIRA

Tradução de Alyda Sauer

Rocco

Título original
THE SINGLE GIRL'S GUIDE

Copyright © Imogen Lloyd Webber, 2007

Ilustrações: SALMA CONWAY

O direito de Imogen Lloyd Webber ser identificada como
autora desta obra foi assegurado em conformidade com
as seções 77 e 78 do Copyright, Designs and Patents Act 1988.

Direitos para a língua portuguesa reservados
com exclusividade para o Brasil à

EDITORA ROCCO LTDA.
Av. Presidente Wilson, 231 – 8º andar
20030-021 – Rio de Janeiro – RJ
Tel.: (21) 3525-2000 – Fax: (21) 3525-2001
rocco@rocco.com.br
www.rocco.com.br

Printed in Brazil/Impresso no Brasil

preparação de originais
VILMA HOMERO

CIP-Brasil. Catalogação na fonte.
Sindicato Nacional dos Editores de Livros, RJ.

L773g Lloyd Webber, Imogen
Guia da mulher solteira/Imogen Lloyd Webber; tradução de Alyda Sauer. – Rio de Janeiro: Rocco, 2011.
14x18cm

Tradução de: The single girl's guide.
ISBN 978-85-325-2691-5

1. Mulheres solteiras – Conduta. 2. Mulheres solteiras – Psicologia. I. Título.

CDD–306.8153
11-3983 CDU–392.532-055.2

Para minha querida mãe

Agradecimentos

O caminho para publicar um livro é longo, sinuoso e às vezes cheio de pedras, portanto, gostaria de aproveitar esta oportunidade para dizer um enorme muito obrigada a toda a minha família e aos amigos que me ajudaram a percorrê-lo (eu ia me atrasar o tempo todo por me recusar a tirar aqueles saltos dez).

Também quero agradecer à equipe de Summersdale por todo o apoio que deu, em particular a Stewart Ferris e à paciência inabalável de Jennifer Barclay, Carol Baker, Lucy York, Sarah Herman, Nicky Douglas, Elly Donovan e Robert Melhuish. Além desses, obrigada a Adrian Weston e Raft pelo incansável trabalho com o livro, a Veronica Palmieri e Salma Conway por suas fabulosas ilustrações para o guia e a Sam Hiyate por sua visão norte-americana. A Anthony Pye-Jeary, Tom Littlechild e todos da Dewynters, que generosamente criaram o mais incrível site.

O *Guia da mulher solteira* jamais seria escrito sem ajuda específica e devo isso a Ele Clow e às meninas da Queen; Darryl Samaraweera; Daniel Bee (o melhor publicitário do mundo); Wyckoff e seus outros dois anjos, Cat e Zoe; Fin; Goli; seu jeito Bob, competente e simples; Wheeler pela semântica; Amanda Johnson; Charlie "Slashie" Roberts... e a LG por compartilhar seu conhecimento enciclopédico sobre a espécie feminina. Eu ficaria perdida sem as sábias palavras de Caroline Turner, Lucinda, Jess, H, Yael, Diane, Josh, Frances, Julie, Peter, Louise e Theo.

E não teria chegado até aqui sem o estímulo para continuar a escrever nesses anos todos de algumas pessoas realmente especiais do mundo literário: Ed Victor; Lizzy Kremer; Marjory Chapman; Toby Eady; Peter James e Robert Huntington. Muito obrigada por me manter na linha e espero trabalhar com vocês em projetos futuros.

Não há palavras que expressem minha gratidão a mamãe, papai, Nick e Mads.

Alex e Frankie, vocês não foram esquecidos.

Sumário

Glossário

Amiga autêntica: a amiga em quem a MS pode confiar totalmente e que sempre obedece o "código de comportamento das meninas", sem jamais beijar qualquer um dos ex da MS.

Aspirar (verbo): cheirar cocaína.

Beijar (verbo): um eufemismo que cobre toda a troca de fluidos corporais entre uma MS e uma Distração/Objeto, isto é, qualquer coisa, desde apenas literalmente beijar alguém até sexo completo.

Beijar e amassar (verbo): sexo completo.

Bunbury: do livro *A importância de ser honesto*, de Oscar Wilde – um amigo imaginário que desempenha um papel bem concreto, de convencer a MS a não fazer o que ela preferiria não fazer.

Cabbage: um táxi (de *cab*, táxi em inglês/*cabbage* é repolho) – onde a MS deve passar um tempo significativo, pois assim pode usar sempre saltos bem altos E aumentar a chance de cumprir todos os seus compromissos (veja também Pequeno ônibus preto).

Camarada: a pessoa dentre os amigos da MS que ela escolhe para acompanhá-la nos programas/noitadas etc. A identidade varia de acordo com a função.

Companheira de farra: uma amiga que é fantástica para se divertir, mas que não é necessariamente a pessoa adequada para ouvir seus segredos mais profundos.

Distração: um homem (ou mulher) em quem a MS está de olho com fins não platônicos (veja também Objeto).

Esganiçada: mulher pequena e burra, tipo Amélia para os homens, em vez de ser do clube da Luluzinha com as amigas. Apaga uma MS se houver por perto alguma Distração que possam paquerar.

Exploração: exploração de técnicas, conhecimento, ou coisas obtidas com seus ex-namorados para aprimorar seu estilo de vida.

GC: Garota Comprometida.

Granada social: pessoa que provoca o caos seja qual for o ambiente social. É melhor a MS não escolher essa pessoa como Camarada, a menos que esteja planejando alguma maldade.

Grande Edredom: o tempo que se passa na própria residência, debaixo do próprio edredom.

Horroróscopos: horóscopos. A serem consultados com parcimônia e uma colher de sal.

Jantar no espelho (verbo): abster-se de comida para cheirar cocaína.

LC: Lista de Conversa. Um processo mental, ou lista escrita, preparada para qualquer tipo de conversa, com uma série de perguntas que você fará e respostas para as que forem endereçadas a você.

MA: Melhor Amiga. Mais preciosa para você do que sua coleção de sapatos.

MAG: Melhor Amigo Gay.

MAH: Melhor Amigo Hétero.

Metrossexual: homem que gasta grande parte de sua renda disponível para se embelezar e com seu estilo de vida.

MS: a Mulher Solteira, nossa heroína.

NCP (verbo): Não Convide, P*rra! alguém para um programa; o objetivo do jogo é SCP (Ser Convidada, P*rra!) o máximo possível.

Namorado platônico: um amigo homem da MS que ela não beija – a versão "companheiro" da Companheira de farras.

No mau caminho: ter a chance de obter alguma coisa que você deseja, mais comumente uma nova Distração/Objeto ou emprego.

Objeto: como em Objeto de Afeto – homem (ou mulher) em quem a MS está de olho para um caso não platônico (veja também Distração).

Pequeno ônibus preto: um táxi, também chamado de Cabbage. A MS prefere aos ônibus grandes, já que de táxi não precisa andar muito de salto agulha.

PMNC: um cara que Promete Mas Não Corresponde. Os PMNCs são um grupo de canalhas que fazem mal ao ego, e até partem corações.

Pré-troca (verbo): encontrar um novo emprego, ou relacionamento, antes de largar o anterior.

Puxar a cordinha do paraquedas (verbo): resolver que é hora de sair de uma reunião. De vez em quando, quem tem que puxar a cordinha é o seu Camarada, se você foi a alma da festa tempo demais e de repente ficou toda emotiva.

Quebra-gelo do iPod: uma tática para incrementar a conversa por texto, em que uma pessoa pergunta para outra qual é a música mais constrangedora que tem no seu iPod e depois revela a dela.

Rádio contato: contato com amigos via celular.

Retrossexual: homem que gasta o mínimo possível de sua renda disponível para se embelezar e em seu estilo de vida, que prefere a abordagem tipo homem das cavernas.

SA: Sexo Acidental, uma versão MS (Mulher Solteira) do programa de uma noite só. Apenas em circunstâncias excepcionais uma MS terá a intenção premeditada de que o encontro termine de forma tão despida como terminou, nem terá a impressão de que o desempenho não será repetido.

Só texto, sem calça: frase usada para descrever um homem que consegue teclar textos no celular regularmente, sugerindo que vocês devem se encontrar, mas que nunca chega a marcar uma data (veja também Titilador de clit).

Titilador de clit: um Objeto/Distração que paquera mas não chega às vias de fato.

Topa-Todas: uma santa alma que gosta de atividades de grupo programadas. Se tais atividades acontecem ao ar livre, as Topa-Todas comparecem, com qualquer tempo.

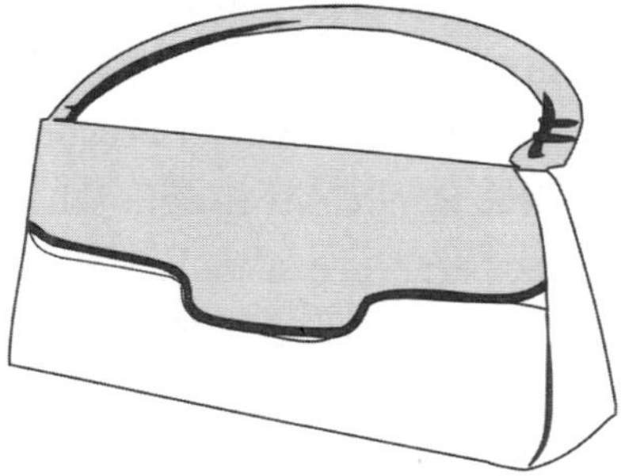

Introdução

Uma verdade que deve ser reconhecida universalmente: a mulher solteira pode ter uma vida maravilhosa.

O mundo avançou desde as caçadoras de marido de Austen e nesses últimos cem anos a mulher solteira passou a ter um status mais positivo. Graças à revolução sexual, suas oportunidades estão se tornando infinitas. Ela não precisa mais carregar o codinome depreciativo de "solteirona". Estamos falando das solteiras como Bridget Jones e da vida sexual de Carrie Bradshaw. Mulheres solteiras estão se permitindo enaltecimento – até um certo ponto. Tanto Bridget como Carrie só se satisfazem por completo quando partem na direção do pôr do sol com o sr. Darcy e o sr. Big.

Mas e se o príncipe não chegar, ou aparecer com certo atraso? A mulher solteira tem que sentar num canto e se lamentar? Ou desperdiçar seu tempo desesperadamente, à procura de um espécime macho numa perseguição sorrateira, coisa que já basta para fazer com que um homem sensato parta em disparada na direção oposta... especialmente se ele ouvir o tique-taque do relógio biológico dela – como o crocodilo de Peter Pan – antes mesmo de avistá-la chegando? Quando um relacionamento é natural, é maravilhoso. Mas quando não é, para que forçar a barra? Você pode se sentir mais solitária num relacionamento equivocado do que se estiver solteira. Porque quando não temos compromisso, podemos assumir o controle e administrar nosso mundo de forma que o universo inteiro seja a nossa concha, mantendo a distância qualquer nuvem negra melancólica que possa pairar sobre nós. Sim, estar comprometida tem graça própria, mas a mulher solteira tem muitas possibilidades distintas e deliciosas para explorar. Você talvez não fique solteira para sempre, então aproveite as vantagens desse estilo de vida enquanto pode. Aproveite o dia.

Estive solteira na maior parte dos últimos dez anos, praticamente toda a minha vida adulta. Sim, namorei e tive relacionamentos durante esse tempo, mas fiquei mais solteira e ainda estou, no momento em que escrevo. Adoro os homens – não existe nada mais gostoso e fabuloso do que sentir tesão, ou até amor –, mas descobri que é um desafio encontrar os que valem a pena. Admito que sou exigente – também sou meticulosa com as minhas bolsas –, mas gostaria que um macho durasse mais tempo no meu braço do que costumam durar. No que diz respeito aos namorados, é bom ter cuidado.

Não ter namorado não é a prova de sobrevivência que dizem ser. Não saberia ao certo quando foi a última vez que uma amiga, ou amigo, me fez chorar, mas certamente lembro de quando um homem fez isso. Além do mais, testemunhei o poder de destruição de um divórcio. Escolher alguém, talvez para construir uma vida com ele, é uma decisão que tem que ser a coisa certa. E se nenhum cavaleiro de armadura quase brilhante aparecer (nenhum relacionamento é perfeito, mas é importante ter um ponto de partida metade correto), eu estarei bem.

Uma verdade simples. É engraçado, mas existe uma ligação direta entre a pessoa com quem você procria e a possibilidade de a prole dos dois se transformar em almas felizes e equilibradas, ou não. Os que condenam as mulheres que deixam para ter filhos mais tarde esquecem de admitir que na metade das vezes essas mulheres solteiras simplesmente não conheceram alguém que lhes inspirasse confiança de ser um bom pai para seus filhos. Elas deviam ser enaltecidas por salvar a sociedade e por não ferrá-la de vez. E por incrementar a indústria de calçados com a renda economizada.

Nem sempre tive esse espírito: o estresse e as batalhas da vida moderna já sobrecarregaram esta mulher solteira. Mas quando tudo deu errado, evitei o Prozac dando passos pequenos, administrando as partes – e as pessoas – que podia na minha vida. Com o tempo, descobri que tinha voltado não só a correr, mas a disparar pela existência novamente. Essa jornada foi superexcitante e durante a década de pesquisa que levei para escrever este livro, tive as experiências mais extraordinárias e ouvi (até participei) as histórias mais escandalosas. Os nomes foram omitidos para proteger os culpados, mas seus atos vão ilustrar e botar brilho em seu sorriso de mulher solteira. As provas contidas nas histórias darão suporte aos meus conselhos práticos.

Este livro não é sobre como encontrar um homem. Com um sorriso definitivamente irônico, trata de como conduzir uma passagem segura pelas águas turbulentas do mundo da mulher solteira, amenizar os enjoos e até curtir a viagem. É claro que o efeito colateral de administrar sua vida com sucesso é que sua aura de segurança atrairá pelo menos um macho que vai querer dançar conforme a sua música (só que eles talvez precisem de um certo estímulo/manipulação, para acertar os primeiros passos).

A expedição é bem abrangente. Começa com a administração de sua vida no trabalho: desde como lidar com seu chefe e seus colegas antipáticos (principalmente no Dia dos Namorados), até habilidades de sobrevivência para a mais tenebrosa das invenções – aquele Curso de Treinamento Profissional e os eventos da firma, como a festa de Natal do escritório –, tudo o que você precisa saber para ser senhora de seu local de trabalho está aqui.

Como mulheres solteiras, temos a vantagem de poder dedicar mais tempo ao embelezamento do corpo. Dos médicos às manicures, este é o seu momento de se concentrar em VOCÊ. Temos um capítulo que mostra exatamente como cuidar disso. Para tornar seu corpo interior bonito, você enfrentará batalhas com médicos, ginecologistas e uma miríade de gurus alternativos que nem sempre são simpáticos. E há também a criação da beleza do corpo externo – da etiqueta da dieta e da ginástica, às compras. Quando você está solteira usufrui do benefício de nunca pensar que roupas e sapatos são um luxo, ou que há outras compras mais necessárias. Ao contrário, essas são necessidades reais, parte da armadura da vida moderna.

O modo como você vive sua vida fica por sua conta. O lar é o seu domínio. Se quiser, pode se orgulhar dele, adaptando perfeitamente seu apê ao feng shui sem medo de que um uniforme fedido de futebol, ou brinquedinhos barulhentos de plástico destruam sua ambientação. Pode optar pela localização e viver num lugar tão pequeno em que não caberia nem um gato, que dirá promover algum programa excitante com você dentro. Ou então encontrar um imóvel que abrigue confortavelmente toda a sua coleção de sapatos, mas de onde é difícil pegar um táxi para sair ou voltar para casa. Comprando ou alugando, os corretores de imóveis têm de ser manipulados... desculpem, administrados, por isso estão sujeitos ao seu escrutínio. Depois, a questão é, dividir, ou não dividir o seu espaço... sobre quem vai morar com você.

A família, como tudo o mais, também tem que ser administrada. Isso se aplica qualquer que seja sua idade, ou estado civil, mas especialmente à mulher solteira, com ovários que ainda resmungam uma vez por mês. Prepare-se, no estilo *Guia da mulher solteira*, para qualquer bola com efeito que joguem para você e, o que é mais importante, para a Sobrevivência na Temporada de Festividades.

Amigos e amigas, a família que escolhemos, são essenciais. São sua rede de apoio quando você está mal, companheiros de diversão quando você quer se divertir. Mas eles também precisam ser administrados: encontrados, mantidos e, em alguns casos, abandonados. É crucial ter, no mínimo, certos tipos de amigos: as Verdadeiras Amigas e talvez até uma Melhor Amiga; um Melhor Amigo Gay, se conseguir encontrar um; Namorados Platônicos e, é claro, um Bunbury. Bunbury, termo cunhado por Oscar Wilde em *A importância de ser honesto*, é um amigo imaginário que pode servir de desculpa conveniente, ou exemplo, para praticamente qualquer coisa.

Entre seus amigos, você vai escolher o Camarada certo (ou seja, seu amigo especial, ou acompanhante) para cada ocasião. Não há necessidade de badalar sozinha só porque você é solteira. Sair e se divertir são coisas que nós, mulheres solteiras, fazemos melhor e com maior frequência do que qualquer outra pessoa. Não temos compromisso com o diário e o relógio biológico de outra pessoa. Mas por isso mesmo temos nossos padrões: sabemos o que é um bom programa. Então, lembre-se de Bunbury. Se estiver resolvendo se vai comparecer a algum evento, o segredo é a preparação, de modo que você precisa ter consciência dos perigos das situações sociais, como ir a um restaurante com algum parente ridículo, o Jantar de Acasalamento, a Despedida de Solteira, o Casamento e o Réveillon; e as medidas que podem ser tomadas para minimizar os danos.

Comparecer a esses eventos em geral significa expor-se a riscos, isto é, ao contato com o macho da espécie, e é natural que você se depare com um que sinta atração pela mulher segura que você é. Não há nada de errado em ter uma Distração, um Objeto (de afeto), desde que ele faça você sorrir. Há um limite de idade que é socialmente aceitável para a sua Distração (e até uma fórmula matemática), além de um conjunto de vantagens e desvantagens do homem mais jovem, do homem mais velho, do homem rico, do estudante, do bissexual...

O estágio inicial de uma paquera é parecido com o processo de seleção que faz o técnico de um time. Um planejamento de jogo é necessário para negociar o perigo que é a comunicação da era moderna. Usados corretamente, telefones celulares e computadores podem enredar a presa de um jeito maravilhoso; mas provocações por e-mail podem ser complicadas, e celulares são comparáveis a granadas sem pino que ainda não explodiram.

Encontros amorosos são coalhados de obstáculos potenciais, desde jantares com pauzinhos e macarrão cheio de alho até quem vai segurar a pipoca no cinema... E, claro, beijar (eufemismo educado para qualquer coisa desde beijar mesmo até sexo completo). Um campo minado bagunçado, complicado e delicioso. Há também o programa de uma noite só, chamado de Sexo Acidental, a calçada da vergonha, a regra definitivamente virginal do quinto programa e ainda o safado território dos brinquedinhos sexuais, e mais... Se você gosta de seguir por aí, ótimo. Ofereço rotas de fuga, se não é a sua praia.

Então, você é solteira? Neste momento o centro de tudo é você. E você não vai comprometer seu mundo por alguém que não dá valor às suas qualidades. Você tem amigos que de fato farão seu "faça você mesmo" para você, em vez de só ficar olhando; e um Coelho Incontrolável com quem pode contar para ter um orgasmo, sem adormecer na metade da função por causa de uma cerveja a mais (tenha sempre pilhas extras). Você é inteira, não metade. Como mulher solteira, você pode ter a existência mais sensacional conduzindo-se com firmeza para longe de nuvens pretas e curtindo tudo sob um céu muito azul. Este *Guia da mulher solteira* diz segure-se e prepare-se para a viagem da sua vida.

CAPÍTULO I

Administração do trabalho

O primeiro passo para a mulher solteira conquistar o mundo - afundada em dívidas, ou tendo tirado a sorte grande na loteria - é ter um emprego qualquer.

Todo o mundo precisa de um motivo para levantar da cama, um objetivo, uma *raison d'être*. Estou falando de sentir-se valorizada, não necessariamente pelo lado material, mas mentalmente. Quando tinha vinte e poucos anos, fui ao fundo do poço. Carreira, saúde, minha casa e os homens: tudo deu errado ao mesmo tempo.

As nuvens negras não ficaram só pairando sobre a minha cabeça. Elas desabaram numa chuvarada que parecia não acabar mais. Como foi que saí dessa? A primeira coisa foi arranjar um emprego, que era horrível, mas de certa forma, me abrigava da tempestade, me dava tempo para procurar um trabalho melhor, aplacava as preocupações mais verbalizadas pela família, me ajudava a enfrentar um diagnóstico errado, cortesia de meus médicos. Depois todo o resto começou a se encaixar de novo.

Um emprego, mesmo não sendo o certo para você, apenas um estepe temporário, faz com que se sinta melhor em relação a você mesma. Preencher seu dia com um objetivo também evita que você fique analisando demais sua vida. Alguma consciência e autoanálise é sempre bom. Mas ficar ruminando demais pode ser muito ruim. A vida fica sem sentido quando pensamos demais nela. Nada como mergulhar no trabalho para ajudá-la a tirar da cabeça a doença emocional. Uma amiga que trabalhava para o pai foi abandonada pelo namorado de muito tempo. Seu pai, sabiamente, triplicou sua carga de trabalho. Isso fez com que ela passasse pela fase de choque, que temos ao encarar uma sensação de perda concreta demais, provocada pela simples ausência da presença física do ex. Em pouco tempo, ela passou a adorar o estilo de vida de solteira.

Se você está gerenciando freneticamente o corriqueiro do dia a dia, quando tiver que tratar de problemas mais sérios, terá mais calma, um ponto de vista mais equilibrado, pois o tempo já terá começado a curar as feridas. Minha amiga pulou grande parte da fase de aguaceiro do fim do namoro (normalmente os primeiros dias) porque estava simplesmente ocupada demais para chorar. Quando finalmente encontrou tempo para pensar na separação, ela concluiu, racionalmente, que, no caso, teve sorte em escapar de se casar aos 25 anos.

Além de satisfazer a necessidade inata dos seres humanos de preencher seus dias, ter um emprego também gera renda, e vamos encarar os fatos: dinheiro é o combustível do seu fogo. Significa que você pode sair da casa dos pais, comprar sapatos e se divertir. Ter um namorado pode ser maravilhoso, mas existem vantagens exclusivas quando não se tem um. Uma pessoa sozinha que tem rendimentos, comparada com uma casada, com ou sem pequeninos a reboque, goza de privilégios extasiantes. É claro que terá que gastar aquele tanto de dinheiro que vai para o malvado fisco e perversas instituições financeiras que usam as palavras "vermelho" e "débito". E, seja qual for seu estado civil, todos arcam com a conta de luz. No entanto, tudo o que sobra é só seu. Não precisa justificar para um companheiro que reclama a compra de um acessório em vez de uma tábua de passar, ou uma manicure no lugar de uma pintura na casa. Você não terá que contribuir para comprar ingressos para o campeonato de futebol (a não ser que sejam para você).

Sem filhos no cenário, você não fica se roendo de culpa no trabalho, nem enlouquecida com o tatibitate em casa, e toda a renda disponível não é canalizada para fraldas descartáveis. Sapatos Jimmy Choo costumam se tornar compras decididamente impossíveis no minuto em que o ruído de pezinhos desponta no horizonte. Sapatinhos de bebê sempre terão que vir antes dos sapatos com estampa de leopardo, do Louboutins.

Pode haver uma época, especificamente o resto da sua vida, em que poderá se acusar de não ter investido tempo ou dinheiro em seu companheiro, ou nos filhos, ou nos dois, quando tudo o que você quer é cuidar das coisas que você gerou. As mulheres costumam exagerar essa culpa, por isso comemore seu momento agora. Curta o prazer de saber que provavelmente você nunca mais se sentirá tão perfeita, nunca mais será tão charmosa, ou poderá se divertir mais do que nesse estágio da sua vida.

Procurando emprego

Todo emprego, mesmo que seja uma vocação, tem seu lado chato. Se o seu é excepcionalmente tedioso, então deve considerá-lo apenas como um trampolim para conseguir outro melhor. E, nesse meio-tempo, deve continuar nele. Diferente dos relacionamentos, nos quais é sempre melhor largá-los quando você chega a um beco sem saída de infelicidade, nos empregos, a perseverança compensa. Arrumar um novo namorado enquanto ainda está com o antigo nunca é sensato, e até tem menos chance de sucesso do que uma volta com o mesmo namorado. Mas é perfeitamente aceitável e até recomendável adotar essa abordagem no trabalho. É mais fácil encontrar um novo emprego, investir e garantir um melhor, se está trabalhando em outro lugar.

Na hora de resolver o que quer fazer, consulte seus amigos mais sinceros para cair na real. Mesmo se o seu tipo exclusivo e inusitado pudesse torná-la vencedora do Big Brother, não há garantia nenhuma de longevidade nessa carreira... basta perguntar a qualquer um dos primeiros vencedores do Big Brother (Quem? Alguém lembra). Almeje as estrelas, mas aquelas que você tem chance real de alcançar. Se sabe cantar muito bem, então vá com tudo e se apresente para o jurado Simon Cowell, do *American Idol*, mas tenha um plano B com mais conteúdo do que o de uma freguesa dos modelitos de Rachel Zoe.

Depois de decidir o caminho que vai seguir, seja incansável na busca e não se deixe abater pela rejeição, que na procura pelo trabalho perfeito é meio a meio. Outras pessoas, sem dúvida, terão a mesma ideia de meter o pé nesta porta valiosa, por isso prepare-se para levar pisões durante o processo. Antes de finalmente conseguir meu emprego tão sonhado de desenvolver roteiros para um estúdio de filmes, passei anos enviando milhões de currículos sem receber nenhuma carta de rejeição. Não porque meus talentos fenomenais e suprema adequação para as funções estivessem sendo reconhecidas... mas porque as empresas em questão estavam tão sobrecarregadas com pedidos de emprego que nem se davam ao trabalho de responder. O pior que um potencial empregador pode fazer é ignorá-la, e a segunda coisa pior é dizer um "não" bem devagar. Persista, que com o tempo alguém lhe concederá uma entrevista e, no fim, um contrato.

Lembre também de curtir a viagem. A vida é a viagem. Tratá-la como competição só resulta em lágrimas. Não pense no sucesso em termos do que os outros acham de você, mas de como você se vê.

E se tiver se esforçado muito e a dona sorte não cruzar seu caminho, saiba se perdoar. Pelo menos teve coragem suficiente para tentar. Sem remorso, como escreveu Robbie Williams quando saiu da banda Take That. Lute, em vez de se arrepender por nunca ter sido uma lutadora. Nesse momento você pode curtir a liberdade de só ter que pensar em você e, portanto, ser capaz de aproveitar mais oportunidades. Não é refém do que outra pessoa exige de você, por isso vá em frente, não tenha medo de lutar por seu sonho. Como é solteira, abrem-se para você portas que podem se fechar mais tarde, como trabalhar em outro país por um tempo. Uma velha amiga minha, solteira, de 29 anos, foi trabalhar há pouco tempo, em Nova York, para uma estilista diaba que veste Prada, coisa que jamais imaginaria fazer se ainda estivesse com seu ex-namorado convencional. Além de se opor ao tempo que ela teria que dedicar à série de recepções e coquetéis – porque ele achava que o lugar dela era fazendo, e não comendo, os canapés, chegando ao cúmulo de mandá-la para um curso de culinária –, ele ficava inseguro fora de um raio de três quilômetros do clube de futebol americano Chelski. Ela se mandou para as bolsas e roupas de festa e deixou-o com seus ídolos russos.

Candidatar-se a um emprego pode ser um trabalho em si. Você pode comprar livros sobre recrutamento, mas saiba que meu MAG foi contratado para escrever esses livros assim que saiu da faculdade, sem jamais ter tido, nem se candidatado a qualquer emprego de expediente integral.

Mas o processo da proposta de emprego é basicamente uma questão de bom-senso. A carta breve e completa de referência ajuda, assim como um currículo relevante. Dourar um pouco a pílula também faz milagres. Ninguém realmente vai verificar se você foi presidente em vez de secretária da sua Sociedade Literária do colégio. No entanto, podem muito bem verificar seu trabalho de assistente pessoal da Colleen Rooney. Para se acalmar, agradar referências pessoais é perfeitamente aceitável; um amigo ofereceu favores sexuais a uma dessas referências, embora eu sugira que uma simples bebida alcoólica é mais do que suficiente.

Na procura de emprego, nada substitui uma rede de contatos, coisa que continua essencial ao longo de qualquer carreira. Qualquer um pode formar uma rede de contatos, mas você tem uma vantagem enorme. Pelo fato de ser solteira, não precisa encarar a manutenção de um parceiro e pode dedicar atenção necessária à expansão de seu caderno de endereços. Compareço em média a quatro eventos noturnos por semana que me ajudam no trabalho. Pode parecer muito, mas é que eu trabalho na indústria "superficial" (quando digo "superficial" me refiro ao lugar-comum que é o mundo da mídia e seus membros) e muita gente nesse meio não vive durante o dia. Atores e músicos são noturnos, como vampiros. Preferem se exibir à noite porque então têm certa chance de conseguir uma audiência cativa e de manipular a iluminação para manter a reputação de eternamente jovens. Se você sabe que tem talento e que só precisa de uma chance, a rede de contatos acaba ajudando. Uma mulher solteira diretora de teatro que eu conheço cultivou contatos à esquerda, à direita e no centro do palco. Depois de um tempo, ela teve sua chance quando um deles revelou que ia pedir demissão de um cargo que servia a minha amiga diretora. Juntos, eles puseram no correio suas cartas de demissão e de admissão. O chefe nem acreditou na sorte quando recebeu as duas cartas e não precisou ter o trabalho de recrutar ninguém. O resto é uma história cheia de prêmios.

A entrevista

Um sábio conhecido disse certa vez que entrevistas são o encontro de conjuntos de mentiras mutuamente compatíveis – o que é uma boa definição do primeiro encontro, se já ouvi alguma. Já que você sem dúvida terá afiado suas habilidades no cenário da mulher solteira, sairá com vantagem nesse ponto.

Antes de mais nada, há a meticulosa atenção com sua aparência. É óbvio que é sensato usar uma roupa espetacular, mas apropriada. Não use saia curta com salto agulha se isso vai tirar a atenção de sua necessidade de impressionar bem seu entrevistador (e a dele de suas respostas inteligentes no lugar de suas pernas bem torneadas). Uma mulher solteira que eu conheço usa o mesmo uniforme para um encontro e para uma entrevista: calça comprida, botas de salto alto e decote ajustável – o número de botões abotoados depende da tática que ela resolveu usar para cada encontro. Pense no que eles estão procurando e vista-se para espelhar esse ideal. Seu fantástico terninho risca de giz para um possível emprego num banco não será igual ao mesmo para a vaga numa revista de moda, em que você vai suar, ou tiritar dentro da peça imprescindível da próxima estação (o pessoal de moda trabalha com seis meses de antecedência, de modo que suas roupas provocam temperaturas corporais inadequadas). Quando chegar, certifique-se de que seu aperto de mão não é mole, nem quebra-ossos, pois os dois são péssimos em qualquer acontecimento social, e sim firme. Mantenha também contato visual. Quem vai querer alguém em seu mundo, seja ele de trabalho ou não, que fica olhando fixo para os pés, mesmo que calcem sapatos excelentes?

Depois vêm as perguntas exploratórias, sobre suas ideias e atos passados e presentes, às quais você deve responder eloquentemente, se apresentando da melhor forma possível. Uma amiga que trabalha na área de recursos humanos sempre pergunta o seguinte: "Qual foi a decisão mais difícil que você teve que tomar?" A resposta padrão é mais ou menos assim: "Parar de estudar um ano, viajando e trabalhando, sem a ajuda dos meus pais." No entanto, uma candidata respondeu: "Resolver fazer um aborto." Talvez esse não seja o melhor assunto para uma entrevista (nem para um primeiro encontro, certamente). Foi a única vez que minha amiga de RH ficou muda com uma entrevistada, que não conseguiu o emprego, pelo simples motivo de que muita coisa na vida, especialmente na vida profissional, exige a habilidade de se autocensurar quando necessário. Você tem que responder de modo a exibir sua capacidade para o emprego, por isso procure sempre associar as respostas a questões que digam respeito ao trabalho em questão.

Leia publicações sobre os negócios da empresa na qual pretende trabalhar e solte alguns jargões do ofício. Uma amiga solteira passou por doze *rounds* de entrevistas para um banco americano, armada apenas com alguns termos relevantes e o dom da eloquência. Ainda duvido que ela saiba distinguir as oscilações do mercado, mas continua no emprego porque consegue vender planos de aposentadoria para qualquer um. Algumas firmas não se importam tanto com conhecimento e a entrevista trata mais de testar a capacidade de sobrevivência do candidato. Então fazem questão de fazer você passar por várias entrevistas inúteis e de manter o nível de agressividade nas perguntas. Em entrevista numa dessas empresas, pediram a uma amiga minha para estimar quantos coveiros estavam trabalhando naquele momento na Grã-Bretanha. Mais tarde ela descobriu que o número que chutou, sem a menor ideia de quantos fossem, foi a razão de ter sido contratada.

Se cometer pequenos deslizes, não deixe que eles a tirem da rota. Como acontece nos primeiros encontros, esses erros podem ser encantadores. Numa entrevista de emprego, uma mulher solteira ficou batendo com o pé na perna da mesa, de nervoso. Ela achou que estava indo bem, já que um dos caras que a entrevistavam sorria o tempo todo. Foi só quando a entrevista terminou que ela descobriu que na verdade era a perna dele, não da mesa, que ela estava chutando. E conseguiu o emprego. Assim como minha amiga solteira relações públicas de moda, que disse "felação" em vez de "falação" para um entrevistador especialmente atraente.

O seu entrevistador quer ver personalidade, portanto, não tenha medo de mostrar isso. Imagine que você é a vigésima da fila de entrevistados e o entediado diretor do departamento de recursos humanos pergunta: "Qual foi sua maior realização?" Em vez de dizer "correr a maratona", pense em alguma coisa um pouco mais interessante, como usar sua lábia para entrar na seção VIP do Festival de Glastonbury e ver Orlando Bloom admirando suas galochas. Depois pode voltar para o assunto de trabalho, dizendo que isso mostra sua tenacidade, mas também prova que você tem senso de humor. Pessoas que terão que passar pelo menos nove horas por dia com você certamente vão preferir alguém interessante e animado na equipe a alguém sem graça, com ares de santidade.

Por fim, não faz mal nenhum ser solteira. Aos olhos do gerente de recursos humanos você pode passar a ideia de que vai se preocupar mais com o trabalho do que se distrair com preparativos para um casamento, ou ficar nervosa por perder os primeiros passos do Joãozinho.

Muito bem, você conseguiu arrumar O Emprego. Agora, precisa administrar sua vida no trabalho. Pode ser complicado conseguir equilibrar o trabalho e a vida, mas felizmente existem atalhos.

Administrando o chefe

Chefes, patrões não são diferentes de pais, amigos e outras pessoas do seu mundo. Todos precisam ser administrados. Alguns podem chamar isso de manipulação, o que implicaria crueldade. Não há nada de cruel em cuidar para que seu mundo funcione de modo satisfatório. Quando as pessoas em sua vida dançam conforme a sua música, é porque você está sendo eficiente, e é isso o que um chefe quer.

Em geral, há dois tipos de chefes: o fácil e o complicado. Os primeiros costumam ser homens, os últimos, mulheres.

Chefes machos são um misto bizarro de pais e namorados, que normalmente apresentam traços típicos dos dois. Portanto podem ficar na palma da sua mão e, ao mesmo tempo, ser dados a ataques de comportamento irracional. Só que tendem muito menos do que a fêmea da espécie a guardar rancor por muito tempo e por isso administrá-los fica muito mais simples.

Muitas vezes eles se preocupam mais com o estilo, a forma com que as coisas são percebidas. Minúcias não são seu forte. Eles querem o quadro geral logo de cara e desde que as miudezas sejam executadas, são menos propensos a se meter em seu modo de fazer as coisas. A maioria pode ser facilmente administrada na base da conversa amigável, com eficiência extrema e elogios/flertes de vez em quando. (Flertar não significa ir para a cama com ele, o que quase sempre é um plano muito ruim. Se você está tendo um caso com seu chefe, por favor, leia o Capítulo 8.)

Se você precisa que façam alguma coisa, ou de uma decisão de um chefe macho, muitas vezes o modo de conseguir é fazer com que ele pense que a ideia é dele. Os chefes são seres humanos. Como todos os seres humanos, gostam de se sentir valorizados. Seja generosa nos elogios ao seu chefe e sempre enfatize a importância dele para que o seu trabalho seja bom, que você se beneficia com as orientações dele... mesmo se não for inteiramente verdade. Assim, ele lhe dará algum crédito, magnanimamente, quando for devido. Torne-se mestre na arte de sugestionar, plantando na cabeça dele a ideia de que você precisa de recursos para um novo projeto/receber horas extras/promoção, para que ele pense que a inspiração é toda dele e que ele mesmo sugira, ou fique mais afável quando você tocar no assunto. Faça isso mandando-lhe alguns e-mails bem cedo de manhã, ou à noite, demonstrando assim o seu empenho, conversando com ele sobre como aprimorar seu trabalho e indicando sutilmente que você é tão capaz quanto os que estão logo acima de você na hierarquia do escritório. Ele deve ficar na palma da sua mão.

Alguns homens têm uma visão antiquada, ideias preconcebidas sobre as mulheres e seu papel no local de trabalho. Quando o comportamento de um chefe se torna especialmente condenável, fica difícil reprimir a vontade de enfiar um salto agulha na cabeça dele, de tanta frustração. Mulheres solteiras podem deixá-los confusos e certos chefes chegam até a imaginar que você está apenas matando o tempo enquanto procura um marido. Mas antes de levantar o pé com o salto agulha, pare. Muitas vezes dá para reverter essa atitude e ainda tirar vantagem. Você não precisa derrubar barreiras, é mais inteligente do que isso. Você vai descobrir como contorná-las.

Por exemplo, os homens, especialmente os mais velhos, dizem que não sabem digitar, quando são perfeitamente capazes. Já fui uma secretária inútil e meu chefe ditava seus e-mails afirmando que ele teclava muito devagar, só com dois dedos. Era mentira. Sei que ele era bem rápido, porque certa vez foi pego usando oito dedos.

A princípio fiquei irritada, mas depois compreendi que podia lucrar com isso. Tinha acesso a todos os e-mails confidenciais do alto escalão e fiquei sabendo de muita coisa que acabou sendo útil quando fui procurar emprego depois, deixando claro que meu conhecimento podia ser muito valioso a qualquer potencial empregador. É claro que, enquanto eu ainda estava na firma, a informação à qual tinha acesso significava que eu era parte da roda do poder. Até fiz chá para meu chefe, mas nunca precisei fazer para mim. Os outros funcionários atendiam sempre que eu precisava de uma bebida quente e muitas vezes encontrei copiosas quantidades de chocolate na minha mesa. Eu tomava conhecimento de todas as grandes decisões antes de todos os outros e ser meu aliado podia ser muito proveitoso. Sejam quais forem os defeitos do seu chefe, descubra uma maneira de tirar vantagem deles.

Se o chefe macho se preocupa com o estilo, a chefe fêmea quer substância. Elas se preocupam com as minúcias E com o quadro geral. Não quer dizer que não podem ser administradas, só que é mais difícil, e se você não trabalhar muito bem, elas provavelmente acabam descobrindo sua jogada. Para chegar onde chegaram, elas tiveram que fazer esse mesmo jogo. Normalmente, a chefe mulher é o cruzamento de uma irmã extremamente feia, com uma madrasta muito implicante. A atenção que ela presta aos detalhes é bem maior do que a de um homem e é essencial mantê-la do seu lado. Proteja-se. Se for um ambiente de trabalho competitivo, em que a chefe precise ser impiedosa para sobreviver, certifique-se de que ela não faça de você a rês do sacrifício. Para isso seja meticulosa no que faz de modo que os erros que não são seus jamais sejam atribuídos a você, seja sempre respeitosa e consciencIosa em manter a chefe a par de tudo. Elas gostam de saber o que está acontecendo porque ficam pensando em tudo o que está acontecendo. Não erice os pelos, nem desafie seu natural instinto feminino competitivo, aparecendo para trabalhar vestida para matar. Seja sempre profissional, senão pode ser o beijo da morte em sua carreira. Nunca tenha, pelo menos ostensivamente, uma bolsa melhor, uma vida amorosa mais gratificante nem, em nenhuma circunstância, flerte com a cara-metade da sua chefe. No entanto, por mais que as chefes mulheres sejam autoritárias e duronas, quando você mais precisar – especialmente se for para o bem da reputação delas – elas podem muito bem dar todo o seu apoio. E você pode ter a chefe que é uma das ocasionais exceções à regra. Tive há muitos anos uma chefe que era um amor, que até hoje me convida para jantar.

Administrando os colegas de trabalho

O bom-senso dita que é essencial manter quem trabalha com você, direta ou indiretamente, do seu lado. Além de tornar o ambiente de trabalho mais agradável, no caso dos que estão abaixo de você na hierarquia também significa que aceitarão melhor as tarefas que lhes der. Assim, você poderá passar e-mails e telefonar para os amigos... bem, quero dizer, sair do trabalho na hora e obter o difícil equilíbrio entre a vida e o trabalho. Eles também podem livrar sua cara e acobertar sua incompetência quando você estiver lutando contra aquela ressaca federal.

A aparência é tudo. Administrar seu mundo no trabalho é passar a ideia de que você está trabalhando com eficiência e capacidade máximas. Trabalhar demais não faz bem a ninguém e a nenhum negócio, especialmente se você não gosta do seu emprego. Você é solteira e não quer ficar exausta demais para poder aproveitar seu estado civil depois do expediente.

Há uma série de táticas para fazer com que todos saibam que você atingiu o máximo de sua capacidade sem ter que recorrer a lamentações, que só colocarão todos em volta contra você. Se tiver um celular que recebe e envia e-mails, trate de configurá-lo para ficar bem claro ao destinatário a hora em que você enviou a mensagem. Por exemplo, todos os e-mails de um celular Blackberry terminam com o texto "Enviado do meu Blackberry". Então, você deve enviar tais mensagens em horas meio estranhas, para parecer que está tremendamente ocupada, mas mesmo assim no controle de tudo. Se chegar mais cedo ao trabalho, ou ficar até mais tarde, não esqueça de mandar e-mails para as pessoas-chave assim que chegar, ou logo antes de sair, para que elas saibam quantas horas você está investindo. E se estiver ficando sobrecarregada no trabalho, mande e-mails dizendo que não pode resolver aquilo agora, mas que está anotado. Para onde quer que vá durante o horário de trabalho, leve sempre uma folha de papel que pareça oficial e faça cara de quem está resolvendo um grande problema. Os colegas vão achar que você está atolada, mas fazendo de tudo pelos negócios e para manter os bons contatos. Assim, eles ficarão muito mais dispostos a vir em seu socorro do que se você tiver uma crise.

Dê valor a seus colegas. São os que cuidam da correspondência, o pessoal de TI e os rapazes e moças estagiários que fazem o mundo girar. Convide-os sempre para almoços e happy hours dos funcionários e lembre dos aniversários. Seja o= garoto que serve chá, ou o assistente, trate-os bem, não só os seus, mas os dos outros também. Minha sócia estava intermediando um contrato com um advogado particularmente irritante em Nova York. Ela ficou amiga da assistente executiva dele depois de descobrir que as duas tinham um fetiche por Daniel Craig de cueca. As duas congestionaram os canais de e-mails das respectivas empresas compartilhando fotos do novo James Bond e então ela percebeu que suas ligações eram sempre respondidas e o contrato foi fechado. A assistente de uma das minhas amigas solteiras é essencial para o meu bem-estar. Ela até consegue mesas em restaurantes lotados quando só o poder corporativo seria capaz de mover o *maître d'*. Minha amiga solteira raramente recebe cartão de Natal meu, mas sempre mando um para sua assistente.

São as menores gentilezas que geram maior boa vontade, e comida é o gerador de sorrisos mais barato e mais fácil. Se você de vez em quando levar umas balas do jornaleiro, ou biscoitos, para todos, as pessoas ficarão muito mais prestativas. Quando organizo uma oficina de teatro, em que todos estão oferecendo seu tempo de graça, sempre faço questão de que a comida seja farta e deliciosa. É inevitável que o desempenho de um ator chegue à altura das estatuetas, graças aos doces Percy Pig.

Todos exploram o próprio repertório de habilidades, e nesse esforço para fazer com que os colegas de trabalho dancem conforme a sua música, lembre do seu. Você é solteira e uma paquera simpática não faz mal a ninguém. Não estou sugerindo que atropele os limites profissionais, mas as pessoas fazem negócios com quem de alguma forma acham atraente – financeiramente e, sim, pessoalmente. Uma linda amiga solteira que sacrificou a carreira de supermodelo pela corretagem na Bolsa costuma ser a única mulher nas reuniões. Ela usa ternos lindos, os saltos mais altos e em geral consegue o que quer com adulações. É claro que o flerte nem sempre resulta na reação desejada, os homens bancam os machos e tentam se impor. Nessas horas, ela está preparada para enfiar aqueles saltos. Ela sempre chega armada com algum plano, só cede o que havia planejado antes de a reunião começar e todos na sala acabam aceitando suas exigências. Se isso não acontece, eles ficam sabendo que minha amiga prefere ir embora a ser atropelada. Quando precisa recorrer a essa tática, ela quase sempre recebe uma ligação em poucas horas, aceitando a proposta.

A empresa onde você trabalha não é lugar para exibir as rachaduras da sua armadura, mas alguns colegas tentarão encontrá-las, por mais biscoitos de chocolate que você distribua. Mesmo quando estiver muito tensa, nunca deixe que a vejam chorar, nem se gritarem com você. Sua recusa em se acomodar num relacionamento errado demonstra força de caráter, mas muita gente que nunca exerceu essa medida de bom-senso se sente ameaçada e tentará usar isso contra você. Uma amiga cabeleireira solteira tinha um gerente que infernizava sua vida sobre seu estado civil e sobre qualquer safadeza que ela devia estar aprontando depois do trabalho, enquanto um colega também cabeleireiro, que tinha predileção por colegiais estagiárias, era sempre aplaudido por suas atividades extracurriculares. Na maioria das vezes, a mulher solteira simplesmente respondia brincando, mas quando sentia vontade de chorar, corria para o banheiro, ou, como era mais comum, saía do salão dizendo que ia comprar alguma coisa, e então desabafava a frustração. Os sinais óbvios de irritação só faziam com que eles a provocassem ainda mais.

O ambiente do escritório fica mais antipático no Dia dos Namorados, quando as colegas de trabalho (especialmente as que acabaram de colocar uma joia no anular da mão esquerda) se tornam insuportáveis. Com as boas maneiras que elas deixaram de usar com você ao pavonear seu estado civil, parabenize-as cordialmente e lembre discretamente que qualquer ocasião que exige alegria como pré-requisito raramente é alegre... mesmo quando inclui presentes (25 de dezembro), ou sexo (12 de junho). A mulher solteira está por cima no Dia dos Namorados. Nenhuma expectativa significa nenhuma decepção. Sinta pena da moça que trabalha no fim do corredor, cujo namorado de muito tempo não manda nada além de flores mortas do posto de gasolina. Se quiser revidar exibindo algo concreto de alguém que a ama, combine com uma amiga de as duas mandarem flores, uma caixa de bombons, ou um presente para os respectivos locais de trabalho. Quando a encomenda chegar, você poderá fazer o mistério que quiser. As colegas comprometidas ficarão com inveja. Lembre que ser solteira significa que tudo é possível. Você pode até acabar namorando Christian Slater. Elas não podem, já que se contentaram com o Wayne, da TI.

Além das colegas apaixonadas, você talvez conviva no trabalho com o tipo mãe orgulhosa, que não para de falar dos filhos. Elas têm que lembrá-la sempre da sua prole, que é justificativa para chegar atrasada no trabalho, desarrumada, tirar férias no meio do ano e no Natal. Fique calada, derreta-se com as fotografias caso precise de algum favor delas e faça seu pedido de férias com antecedência. Se essas mães forem muito irritantes, saia na hora do almoço, compre sapatos novos e exiba para todos no escritório quando voltar. Elas olharão com tristeza para o que compraram na hora do almoço: fraldas da farmácia.

O Curso de Treinamento Profissional

Esses cursos podem ser uma praga na vida dos solteiros. Como não há necessitados em casa, precisando da sua presença de manhã e à noite, você ficará marcada como a pessoa ideal para frequentar esses eventos, que são sempre inúteis.

Há uma regra bem peculiar para esses cursos. Quanto mais séria e "valiosa" a empresa – banco, contabilidade, advocacia – mais ridículos são os cursos de treinamento que impõem aos empregados. Quanto mais frívolo for o serviço – televisão, relações públicas, teatro, música – mais relevantes, realmente sérios e úteis, eles serão.

Há histórias extraordinárias sobre Cursos de Treinamento Profissional, contadas por pessoas em empregos "decentes". Uma bancária solteira que eu conheço aprendeu técnicas circenses, inclusive malabarismo, enquanto outra teve que montar coisas com Lego. Como diz uma amiga advogada: "Você sabe que está encrencada quando eles pedem para levar uma roupa impermeável bem quente e uma lanterna." Como é que escalar Snowdonia e ser internada num hospital com hipotermia vai transformá-la numa financista melhor? Uma amiga solteira que é corretora de imóveis comerciais foi enviada a uma corrida de barco dragão chinês; nela, as equipes têm que entrar em pequenos barcos e remar ao ritmo de tambores. Todos os homens no grupo da única mulher solteira se tornaram tão competitivos e acharam suas habilidades tão superiores que insistiram para ela ficar na margem do rio enquanto eles participavam da corrida. A mulher solteira reclamou até convencê-los de que aquilo não era ter "espírito de equipe", mas não exagerou a ponto de ter que participar do exercício com eles. Deixou que fossem e ficou na margem. Os homens que entraram no barco pesavam tanto que o barco afundou. Ela chorou de tanto dar risada. Além do banho forçado, aquelas almas impregnadas de testosterona ainda levaram uma bronca dos responsáveis por não terem incluído a mulher solteira.

Por isso, se você trabalha numa profissão "séria" e lhe dizem para ir a um Curso de Treinamento Profissional, faça tudo o que puder para escapar. Você não vai aprender nada que um dia assistindo ao programa *Richard & Judy* não possa ensinar.

Há dois caminhos seguros que a mulher solteira pode seguir para se ausentar dos cursos. O primeiro é bancar a mártir. Invente uma lesão nos músculos da batata da perna e se ofereça para ir, mas enfatize que não poderá participar de nenhuma atividade física e que terá que ficar no hotel assistindo à televisão o dia todo. Ou, então, quando informarem a data, responda *imediatamente* que tem um casamento, enterro, algum acontecimento na família, ao qual precisa comparecer. Uma procuradora que é minha amiga de farra e tem uma família conhecida por ser enroladíssima sempre escapa dos Cursos de Treinamento Profissional dizendo que precisa fazer terapia familiar. Com os parentes que tem, isso é perfeitamente verossímil.

No entanto, em certo estágio da sua carreira, seja qual for a empresa, você vai ter que fazer um curso desses para manter o emprego. Torça para pelo menos não ter que passar a noite fora. E, se tiver, que seja num lugar bom, como Cannes.

Com sorte, haverá intervalos regulares em que poderá verificar seu Blackberry e trabalhar um pouco, além de comer uns biscoitos gostosos. Se não tiver biscoitos, pense seriamente em fazer um protesto. O objetivo principal de um Curso de Treinamento Profissional são os biscoitos.

Em geral, quem dá o curso é uma Topa-Todas e essas pessoas são um desafio especial para a mulher solteira. Topa-Todas são adeptas de trabalho em equipe, que adoram atividades em grupo ao ar livre e com qualquer tempo, e defendem a "diversão forçada" ou obrigatória. Diversão obrigatória ou forçada não é uma expressão inventada por mim. A primeira vez que ouvi foi de alguém (casado) que coordena esses cursos para uma enorme firma de consultoria, uma daquelas cuja especialidade é sangrar o dinheiro dos contribuintes em relatórios governamentais. A mulher solteira tem a noção inata do que é diversão, já que tem tempo para sair e se divertir muito, e ela sabe que isso não pode ser forçado. Quantas pessoas realmente curtem o Ano-Novo? Diversão é orgânica, espontânea, não pode ser planejada. Desta forma, nesses cursos é inevitável o embate de personalidades, e você fica com vontade de se rebelar contra quem está organizando.

Num Curso de Treinamento Profissional, é natural que você regrida aos seus dias de colégio, mas procure não ser o mal-intencionado que senta no fundo da sala, por mais tentador que isso seja. Você realmente precisa manter seu emprego e se desentender com colegas bem-comportados não ajuda nada a longo prazo. Evite também ser a queridinha do professor. Ninguém gosta da garotinha metida, nem o "professor". Sei de um organizador que quase partiu para a briga com um provocador que o enlouqueceu de fúria num curso desses. Ele mal abria a boca para dizer qualquer coisa e o cara levantava a mão, ou exclamava algo perfeitamente inútil. Mas, em vez de um olho roxo, o cara teve que engolir um remédio bem mais amargo: sua verba foi cortada por indicação do instrutor. Faça um comentário pertinente de vez em quando, mostre disposição para certas tarefas, mas se estiverem ficando ridículas demais, diga que o trabalho de verdade está chamando e aproveite a oportunidade para fazer ligações bem ruidosas para o escritório.

Eventos de trabalho

Há um capítulo que trata especificamente de Administração de Eventos, mas os eventos de trabalho estão tão interligados com a política de trabalho como um todo que é necessário examiná-los aqui. Como foi mencionado rapidamente, o emprego, contrato ou projeto dos sonhos tende, de certa forma, a ser resultado de sua rede de contatos. Se você for vista nos eventos certos, conversar com as pessoas certas e fizer os contatos certos, acabará sendo recompensada. E pode até se divertir no caminho. Os contatos podem vir dos lugares mais estranhos. Quando eu trabalhava num projeto de teatro, encontrei o diretor perfeito ao pisar no dedão dele à meia-noite, numa festa. O projeto em questão havia surgido depois que conheci o agente do escritor numa boate gay em Marrakesh no Réveillon, dançando ao som de "Hung Up", de Madonna. Se tivesse ficado em casa, essas duas noites, embaixo do edredom, como estive tentada a fazer, minha carreira e até minha vida teriam sido completamente diferentes.

Admito que esses exemplos são bastante incomuns, mas seja qual for a sua empresa, sempre haverá eventos sociais. Para seu benefício é essencial ir a pelo menos algumas reuniões de funcionários, mas certamente não precisa comparecer a todas. E como acontece com os cursos, um pouco de intuição pode garantir sua ausência, se for preciso.

Colegas casadas e com filhos têm disfarces próprios para inventar desculpas para eventos de trabalho, mas a mulher solteira também pode se valer de certos truques. Se a reunião, no caso, é alguma ocasião oficial, que além de terrível não vai ajudar a promover sua carreira de maneira nenhuma, diga que não pode ir porque estará no teatro ou na ópera. Nunca no cinema, nem com o namorado, porque na cabeça de certas pessoas essas duas coisas são atividades "canceláveis". Mas o teatro ou a ópera indicam que você é culta e fina, então é bem menos provável que seja cobrada quando trocar de roupa no banheiro do trabalho e depois atravessar as salas toda chique. Não importa se você sair no intervalo para o bar mais próximo porque a produção é horrorosa, cujo ator principal é o astro de um seriado cômico na TV que nunca pisou num palco na vida. O esnobismo está bem vivo e forte, e as pessoas aceitarão a sua ausência.

Nos eventos sociais mais úteis no calendário do trabalho, sua presença não precisa ser negociada com uma cara-metade mal-humorada, ou um filho de nariz escorrendo. Suas noites são só suas e, se quiser comparecer, pode ir. Além do mais, nas ocasiões em que resolver dar a graça da sua presença a um evento do trabalho, todos ficarão muito gratos, já que podem contar com você para "agregar valor". Vou explicar.

As mulheres solteiras sempre têm tempo para brilhar. Diferente das colegas mais sobrecarregadas com responsabilidades, antes de ir para a reunião, você poderá fazer um dever de casa extra. Pesquise quem vai, por que e o que querem desse evento. Estabeleça o que você pessoalmente precisa ganhar com a reunião e, de posse de todos esses dados, faça uma Lista de Conversa (LC). Essa lista deve ter algumas perguntas que você vai fazer e uma lista de respostas para as perguntas que podem fazer a você. Essa lista não precisa nem ser por escrito – pode ser apenas um processo mental – mas é uma ferramenta valiosíssima em diversas áreas da vida. É um mecanismo de direção para manter as conversas nos rumos que sejam mais tranquilos para você. Essa preparação prévia vai garantir que não haja nunca aquelas pausas constrangedoras no diálogo, a menos que atendam a seus objetivos. E assim fica mais fácil obter qualquer informação pertinente que você precise desse encontro. Isso também evita que você entre em pânico, fique agressiva demais sem querer e preencha os silêncios incômodos com falas inadequadas. Um certo controle tranquilo e calculado da conversa é tudo o que você precisa para obter o resultado desejado da reunião.

Para as mulheres solteiras, é raro acontecer que nosso sexo e sexualidade, nossa aparência (relativamente) jovem e nosso estado civil não se tornem fatores determinantes nesses programas noturnos. De fato, podem transformar o encontro em verdadeiro campo minado.

Vamos falar de cruzar a "linha dos colegas de trabalho" quando tratarmos do macho da espécie nos capítulos que se seguem, mas com algum planejamento prévio, inclusive uma lista de conversa, em geral podemos negociar um caminho seguro nesses eventos da firma, mesmo que laços ou instrutores (ou os dois, se você trabalha com publicidade) sejam compulsórios.

Num extremo do espectro do charme, a supermodelo corretora de valores costuma ser convidada por um advogado para acompanhá-lo à ópera, onde a firma dele tem lugares reservados. Ela suspeita que ele está a fim dela, mas graças a seu trabalho preliminar, a lista de conversa, as roupas de decote fechado e saias ou calças compridas, e sua estratégia de fuga (um pequeno ônibus preto chamado com antecedência), ela evita a possibilidade de avanços indesejados e inadequados da parte dele. Nos encontros com os colegas de trabalho, ela sempre sai logo depois do jantar, antes que todos os homens da equipe resolvam ir a uma boate de strip-tease. Esse tipo de situação é algo que todas nós temos que enfrentar, umas mais, outras menos, e varia desde livrar-se do assédio de alguém num Curso de Treinamento Profissional, em que o grupo tem que passar a noite num hotel, até largar os rapazes com quem você trabalha num bar para tomarem um grande porre, não sem antes tê-los desafiado depois do trabalho. Você é livre para escolher se fica com eles, ou se vai para casa se encolher no sofá com um pote de sorvete Ben & Jerry assistindo a *Caçadores de emoção*, se quiser. De qualquer maneira todas as suas redes de contato terão sido acionadas antes de você ir embora. Os homens costumam sofrer perdas de memória na terceira cerveja e se partirem para algum local bem saudável, como Stringfellows, a boate mais famosa de Londres, já terão passado para a zona do esquecimento.

Se você é uma mulher solteira, o almoço, ou jantar de negócios, serve como mais um teste, especialmente se for a única mulher presente. Seus companheiros talvez fiquem inseguros, sem saber até que ponto devem liberar o comportamento diante de uma mulher solteira realizada e maravilhosa, num ambiente social tão íntimo. Por isso você precisa assumir o controle e garantir que eles não cruzem nenhuma fronteira imprópria. É fácil demais passar uma impressão errada. Ao fim de uma refeição, o chefe de uma mulher solteira particularmente esfuziante convidou-a a subir até o quarto dele no hotel para "enxugar o frigobar". Ele tinha confundido a simpatia dela com paquera.

Diferente de uma entrevista, que tem todas as características de um encontro, quando estiver num jantar de negócios, lembre que seu comportamento deve ser o oposto de uma amante em potencial. Consultar timidamente seu companheiro sobre o prato que vão pedir fará com que você pareça indecisa. Se costuma ficar confusa toda vez que dá de cara com um cardápio, procure ver o que o restaurante oferece na internet antes, para poder escolher com antecedência. Para o bem das aparências, é essencial que você peça pratos fáceis de comer (não vai querer ficar com um pedaço de espaguete grudado no queixo) em poucos segundos, feche o cardápio e rapidamente conduza a conversa para assuntos de trabalho. Note que, se você come carne vermelha, um bife malpassado faz maravilhas com sua reputação de matadora. Uma mulher solteira que conheço foi selecionada por um *headhunter* por ter pedido seu bife sanguinolento. Não coma sobremesa, a não ser que o resto da mesa resolva primeiro, porque senão vai se arriscar a ser condenada por desperdiçar tempo. Procure ficar sóbria, ou pelo menos intercale o vinho com água. Os eventos de trabalho são apenas isso mesmo, trabalho, e precisam ser orquestrados. Embebedar-se e ficar com a língua solta num programa a dois é uma coisa. Ficar com a língua solta num programa com colegas de trabalho é outra, completamente diferente.

Se os chefes ou patrões forem convidados para o evento, tome cuidado quando interagir com os colegas e com a escolha de quem levará como acompanhante. Não convide um acompanhante profissional e nem uma Granada Social para a festa. O primeiro será sempre desmascarado e o segundo sempre criará problemas se você abandoná-lo por um segundo que seja.

Uma amiga solteira largou seu maldoso par platônico quando foi retocar a maquiagem. Quando voltou, todos à mesa olhavam para ela de modo estranho. Mais tarde ela descobriu que ele havia contado que ela sempre dera em cima dele e que, a não ser por uma única vez que transaram, estilo cachorrinho, ela não fazia seu tipo. Ela saiu da firma pouco tempo depois.

Acho que o melhor a fazer, depois de trocar as amenidades iniciais, é ignorar educadamente os companheiros de suas colegas de trabalho. Não é bom arriscar que qualquer brincadeira seja mal interpretada pelas mulheres com quem você trabalha e seja vista como paquera. No que diz respeito às caras-metades dos homens com quem trabalha, você precisa passar para elas que não representa nenhuma ameaça e que não vai ter um caso com o marido/namorado delas no escritório. Você é uma mulher solteira cheia de charme e isso naturalmente vai incomodá-las, porque você passa mais tempo com seus companheiros do que elas. Vão achar que você curte os maridos delas, mesmo que isso seja uma impossibilidade física para você. Lembre que, para elas, eles são atraentes de alguma forma, mesmo que você nunca enxergue isso, portanto comporte-se com cuidado perto delas. Elas a consideram uma predadora, de modo que você não terá nenhuma margem de erro ao interagir. Jamais pergunte o que elas fazem nem quando o bebê vai nascer, a menos que tenha absoluta certeza de que elas trabalhem fora, ou que estejam grávidas. Uma das minhas amigas, uma jovem recém-saída da universidade, estava numa reunião com os colegas de trabalho em que o vinho jorrava abundante e os garçons serviam excelentes canapés de salsicha com mel e mostarda. Então, ela cometeu um erro de colegial. Perguntou à mulher do chefe, "Quando vai nascer?" A mulher mais velha ficou meio confusa e depois respondeu: "Ah, eu não estou grávida! Estou gorda mesmo." A novata de cara lavada acabou saindo da empresa. Por algum motivo muito estranho, a promoção não saía nunca. Se a pessoa que fez a pergunta exibisse o sobrepeso do pós-parto, ou fosse acolchoada como o parceiro (acompanhar os hábitos alimentares do namorado faz misérias com a sua cintura), provavelmente teria escapado ilesa com essa gafe.

Por vezes será impossível convencê-las de que você não está atrás do homem delas, já que algumas mulheres casadas ou comprometidas são muito instáveis. Há um exemplo extremo, que não deixa de ser verdadeiro. Uma jornalista muito amiga minha foi mandada embora porque a mulher do chefe, que era extremamente feio, resolveu achar que ela estava tendo um caso com ele. Isso era completamente ridículo. Ele parecia um sapo velho e gordo, e minha amiga jornalista, a mais cobiçada da Fleet Street, estava de quatro por um Adônis de corpo perfeito. A mulher do chefe começou a ligar para a jornalista nos horários mais impróprios, até quando ela estava na cama com o deus grego e depois ameaçou bater nela quando se esbarraram numa festa do trabalho.

Tendo sobrevivido ao evento, não esqueça do mantra que sua mãe enfiava na sua cabeça quando você era pequena – de que boas maneiras definem as pessoas e começam em casa –, quando ela fazia com que você escrevesse cartões de agradecimento para parentes distantes pelos brinquedos sem graça que haviam lhe dado no Natal. Envie sempre e-mails. Melhor ainda, escreva um cartão real de agradecimento o mais breve possível para quem organizou a reunião. Além disso, mande mensagens para os que deixaram cartões de visita com você. De vez em quando, compensa você mesma organizar reuniões, mas é um equívoco ser a que sempre dá essas festas. Você não vai querer acumular responsabilidades desnecessárias. As pessoas vão gostar se você promover alguma coisa, porque sabem que o seu estado civil indica que sempre terá algo – ou alguém – melhor para fazer. Mesmo com todas essas orientações, é claro que é possível fazer besteira e tem um lugar que é o pior campo minado de todos.

A festa de Natal da empresa

Isso merece um subtítulo exclusivo, embora se houver publicações deste livro em outros países, elas terão que ser editadas. As ramificações desse evento, que é quase sempre tenebroso, ocorrem com muita frequência no Reino Unido. Em outros lugares, como nos Estados Unidos, as pessoas geralmente ficam com muito medo de fazer qualquer coisa constrangedora, ou arriscada, porque não querem causar má impressão na frente do chefe durante esse ritual anual. É uma pena que aqui na Inglaterra não tenhamos essa capacidade de autopreservação.

Se você conseguir passar pelo período natalino sem ficar o tempo todo irritada, é porque tem nervos de aço. Em todas as festas, mas especialmente nas da empresa, sugiro que se restrinja ao champanhe (se, por algum milagre, o chefe fizer essa extravagância). É bom que o orçamento para as bebidas seja o mais sovina possível, porque assim a bebida acaba logo e você não terá que beber mais. Além do mais, chega uma hora em que todos estarão tão bêbados que nem vão notar que você passou para água com gás, com gelo e limão.

Na Inglaterra a pessoa que se comporta pior costuma ser o chefe e as histórias desse comportamento festivo horroroso são muitas. Uma secretária que eu conheço tem sempre que pedir um "táxi vomitório" para o patrão. Na temporada de festas, algumas companhias de táxi, em troca de um enorme bônus de vômito, fornecem carros para passageiros que recusariam em dias normais, dado seu nível obsceno de embriaguez.

Nessa época, você usa sua liberdade de mulher solteira como bem entender. Tem a opção de curtir muito mais o espírito da temporada do que as comprometidas e pode se dar ao prazer de namorar muito. Mas se ele for solteiro e você tiver vontade de atacá-lo em qualquer outro mês do ano também ajuda bastante. Se acha que ele faria seu sangue gelar em janeiro, um momento romântico em dezembro não vai aquecer o coração além do tempo que leva para a ressaca se instalar.

Acidentes acontecem nessa época do ano. Fique com o celular à mão para tirar fotos de qualquer comportamento escandaloso de seus colegas de trabalho, porque pode precisar chantagear alguém para não alardear o seu comportamento, planeje sua estratégia de fuga e simplesmente dê o fora o mais depressa possível. Quando tudo isso acaba, você tem mais um ano pela frente e pode passar os meses seguintes fazendo seu lindo corpo recuperar a forma.

CAPÍTULO 2

Administração da mente sobre a matéria

Nós, mulheres solteiras, gozamos da vantagem
de poder dedicar uma generosa porção do nosso tempo
ao embelezamento do corpo, à nossa saúde física
e mental, a nos enfeitar, ao nosso próprio ser.

A mulher solteira pode se concentrar integralmente em se produzir da cabeça aos pés, tanto interna quanto externamente. Temos energia suficiente para ficar em perfeitas condições e dispomos de bastante tempo para cuidar do essencial, como não deixar de marcar aquela consulta para tratar do nem tão necessário, mas mesmo assim importante, tratamento antienvelhecimento que uma mãe maníaca ou uma cônjuge estressada talvez sejam forçadas a negligenciar. Não precisamos disso, mas unhas pintadas e saltos bem altos fazem maravilhas com nossa autoestima. Quando estamos fabulosas, nós nos sentimos fabulosas e somos fabulosas.

Por enquanto não estamos dividindo nosso banheiro com neandertais grandes e fedorentos, dos quais precisamos esconder candidíase e creme depilatório, nem temos filhos pequenos que ejetam porcaria de todos os orifícios. Além do mais, temos dinheiro para comprar produtos com embalagens bonitas e alimentos orgânicos saudáveis que nos fazem sentir virtuosas apesar de termos abusado da vodca na noite anterior.

Com o dinheiro economizado por não ter que comprar carrinhos de bebê, nem pagar prestações do PlayStation, você pode se tratar. Comece alguma coisa nova trivial (ou decididamente prática) – aprenda a voar, ou a dançar salsa, ou apenas faça um curso de massagens, você decide; pode prestar toda atenção em você. Este é o seu momento, para fazer tudo o que quiser. Não precisa reprimir o gene egoísta. Você nunca mais será jovem como é, ou será tão bonita como agora, por isso aproveite. Sim, é importante ser realista – nunca seremos tão lindas como as criaturas com cabelos escovados das revistas (tudo bem, eu fiquei assim em uma foto, veja na orelha do livro) –, mas na verdade, como posso decididamente atestar, elas foram alteradas digitalmente a ponto de as modelos mal conseguirem se reconhecer nessas imagens. O segredo é administrar o que você tem, para ter a segurança de viver a sua vida do jeito que quiser. E como canta a personagem deusa sueca de Uma Thurman em *Primavera para Hitler*, "se você tem... exiba com orgulho".

Administração mortal

Sua saúde física e mental são as coisas mais importantes que você vai administrar e estão inextricavelmente ligadas. A disposição mental de alegria tende a promover a saúde. Além de essenciais para você aproveitar ao máximo seu estado de mulher solteira agora, essas duas qualidades também evitam problemas mais tarde na vida. Quando a mulher solteira floresce em seus trinta anos e além, ela pode desejar reservar o direito de gerar outro ser para mais adiante. É muito elogiável esperar até que as condições em seu mundo estejam propícias para produzir uma prole feliz, desde que você tenha a cabeça feita e o parceiro certo. Mas para isso é crucial que cuide de seu corpo agora. Uma amiga se deu de presente no aniversário de trinta e cinco anos congelar alguns óvulos. Com sua ficha de namorados, isso é bastante sensato. Impor a uma criança inocente qualquer um dos candidatos a pai com quem ela se associou até agora seria bastante cruel.

Você é a pessoa que mais se importa consigo mesma, que sabe, melhor do que ninguém, como está seu corpo, como se sente. Portanto, o ônus de enfrentar qualquer problema que possa ter é seu. Os médicos não sabem tudo. Isso ficou claro quando conheci pessoas que tentavam se transformar neles na universidade. Todo estudante de medicina da minha geração em Cambridge jogou na lata de lixo as aulas sobre pernas, já que era o último tópico do curso. Se algum dia tiver um problema na perna e um médico de Cambridge, de fins do século 20, estiver sentado à mesa à sua frente, não deixe que ele chegue perto de seu membro. Ver meus contemporâneos tornarem-se médicos me fez entender que eles são humanos – e falíveis –, o que me fez achar que talvez fosse sábio administrar a "profissão" médica.

Se você fica doente, o fato de ser solteira é uma tensão adicional. Não há ninguém com quem dividir automaticamente seu sofrimento. Não esqueça que você tem amigos e família, que estarão lá para ajudar. Por isso, se precisar, peça. Você deve fazer o mesmo por eles. Mas às vezes, quando está tentando estabelecer um prognóstico, talvez não queira preocupar ninguém e, neste ponto, existem algumas táticas para a mulher solteira empregar.

A lista de conversa mais importante que a mulher solteira fará na vida é de perguntas para os médicos. O consultório do meu clínico geral fica bem em frente à minha antiga faculdade e toda vez que vou a uma consulta, minhas pernas viram gelatina e eu me sinto como uma adolescente incompetente de novo. (Aquela escola parece que deixa cicatrizes semelhantes em todos os ex-alunos, ou pelo menos nos meus amigos – uma morre de vontade de beber cidra quando passa em frente, enquanto outra desvia para não se arriscar a trombar com a temível professora de francês.) Graças a experiências amargas de não fazer as perguntas certas e de ficar sempre muito nervosa, eu agora escrevo tudo e levo uma lista de perguntas e dúvidas, depois escrevo diligentemente as anotações a partir das respostas do médico. Para me ajudar a compor uma lista de conversa eficiente, pego algumas informações na internet (mas é importante não acreditar em tudo o que lemos), outras de meus amigos e amigas. Se chegar ao estágio problemático em que você acha que não vai suportar qualquer coisa que o médico disser – o que fazer com o caroço que descobri em meu seio é meu principal exemplo –, é hora de levar para a consulta uma amiga de confiança para fazer as perguntas e ouvir as respostas. E, por favor, observe que por mais tentadora que possa ser, a automedicação nunca é uma medida inteligente. Uma mulher solteira que conheço resolveu responder a um e-mail spam e comprar Viagra on-line, depois de ler que combinado com um vibrador daria um orgasmo diferente de todos os que ela havia experimentado. E foi mesmo. A experiência foi mais anestésica do que trepidante, embora o quartanista de medicina que cuidou de seu caso tivesse algo dos Clooney e, quando ela superou o constrangimento, curtiu muito (todo) ele.

Além da lista de conversa, lembre de cuidar de sua roupa íntima. Uma vez fui fazer um exame e estava usando um biquíni minúsculo do Snoopy. Você encontra médicos especialistas imunes a pernas cabeludas e tufos crescidos na linha do biquíni, mas um Snoopy sorridente na área da vagina vence até o mais cara de paisagem dos profissionais.

É provável que a pior experiência que você venha a ter com médicos nesse estágio de sua vida seja com o ginecologista. Esses encontros podem ser dolorosos e, além disso, você é uma mulher solteira que pode muito bem ter feito sexo com mais de um parceiro desde a última consulta e preferia não ter que entreter um desconhecido com seus hábitos sexuais. Se a pessoa do outro lado da mesa exala o ar de uma madre superiora, não esqueça que não é atribuição dela lhe dar lição de moral. Desde que você esteja feliz e saudável, e foi para confirmar ou garantir isso que você a consultou, não importa o que ela pensa. Aliás, por mais promíscua que seja, os médicos sempre têm um paciente que é muito mais do que você. E provavelmente sentem a maior inveja do jeito como você se diverte.

É natural que se sinta meio isolada quando quer compartilhar problemas sérios. Não há nada de errado em ir a um terapeuta. Se já foi estigma social consultar um, isso já passou há muito tempo. Existem tantos tipos diferentes... aqueles que têm qualificações médicas oficiais, até técnicos em estilo de vida. E consultar um desses é perfeitamente aceitável. Na realidade, para algumas, eles são verdadeiros acessórios. Uma mulher solteira que conheço vai a um terapeuta de empresários só pelos contatos que faz na sala de espera do consultório. Ela até saiu com um homem que conheceu lá ao lado do bebedor, mas teve que livrar-se dele porque ele berrava "mostre o dinheiro" em qualquer oportunidade, até quando faziam sexo.

Se tiver recursos para isso, pagar para alguém ouvir suas reclamações tem várias vantagens. Por exemplo, você pode dedicar mais do seu tempo com os amigos para se divertir, e menos lhes alugando os ouvidos. Outra mulher solteira, que contrata modelos e é estressada, diz que graças às suas sessões semanais de terapia, ela mantém o controle de seu mundo e das pessoas famintas e irritadas que nele circulam. Se alguma coisa a aborrece ela resolve que vai cuidar disso naquela hora marcada e muitas vezes quando chega para a consulta não consegue mais lembrar por que estava tão perturbada, e a terapeuta e ela apenas fofocam. Antes de arrumar a analista, odiava sua tendência a ficar chorosa no meio da semana. Agora, ela superou, sente que está mais no comando e mais feliz em geral.

A primeira sessão com qualquer terapeuta, quando você tem que explicar o que a levou à porta dele, é sempre a pior. Mas a partir daí tende a ser mais tranquilo. Se não for, pare de ir. Disseram que eu era anoréxica e me mandaram fazer terapia, quando na verdade eu tinha um problema de tireoide (os médicos são famosos por errarem o diagnóstico). Abandonei os primeiros dois terapeutas porque senti que eles não ouviam. Uma propunha Terapia Comportamental Cognitiva, ou TCC, que eu chamava de DCJ [doença de Creutzfeldt-Jacob] porque achava que ela me tratava como uma vaca louca. O terceiro terapeuta resolveu questionar a anorexia e foi só então que descobriram o verdadeiro problema e passaram a me tratar.

Terapia alternativa

A mulher solteira também pode ter que decidir sozinha se procura ou não terapeutas alternativos, e se os tipos guru, de massagistas a médiuns, vão ajudar. Você tem só um corpo e, portanto, tem também a responsabilidade e o direito de ser chata, por isso, da mesma forma que faria com médicos, verifique os registros de qualquer praticante de medicina alternativa com cuidado, dando mais peso às indicações pessoais que puder obter. Depois disso você continua tendo todo o direito de consultar vários para ver qual é o melhor para você. Muitos desses terapeutas estão rapidamente virando moda – é só ver a Gwyneth Paltrow adotando uma forma de terapia contra a dor – mas desconfie do guru dos gurus, aqueles que englobam religiões alternativas, como a cientologia, auras, horroróscopos etc. e tal. Eles continuam menos aceitáveis socialmente por bons motivos e você, a mulher solteira, é um de seus alvos principais, já que não tem parceiro e nem adolescentes que riem de você por segui-los. Pela mesma razão, não use um "especialista", com ou sem diploma, para preencher um vazio em seu mundo, deixando que eles entrem em sua vida até passarem a dominá-la. Você está procurando o equilíbrio, por isso não precisa fazer tudo o que eles dizem. Minhas amigas e eu levamos meses para convencer uma mulher solteira, que recebera ordens de um "nutricionista" para só comer alimentos crus, de que não há nada de errado com um bife ou uma taça de vinho de vez em quando. Foi só quando a mulher solteira em questão ficou cor de laranja por causa da quantidade de cenouras que estava consumindo, que ela retomou a rotina normal de vodca com limão e soda. Lembre que essas pessoas não estão aí para deixá-la estressada e cobrar se você não segue tudo o que dizem. Eles estão aí para melhorar sua vida. A batalha para ter boa saúde na maioria das vezes é uma questão de resolver parar e ouvir. Não o que todos estão lhe dizendo, mas sim o que seu corpo está dizendo, para depois pesquisar a melhor forma de ajudá-lo.

Administração da superfície

O seu interior é lindo. Agora vamos para o exterior. A mulher solteira tem o tempo e o dinheiro para ser invejada por suas amigas casadas/comprometidas que têm filhos pequenos e machos consumindo seu tempo de usar o secador e comprar sutiã. Este é o momento para deixar sua pele macia, suas roupas com caimento impecável e sua maquiagem perfeita.

Ao criar um corpo bonito, o melhor amigo gay está se apossando do que é dele, portanto, se puder, encontre um. Pode ser um estereótipo, mas é um dos amigos a quem Dorothy ouvia – toda Grace precisa de um Will e todos os Wills adoram ter uma Grace para mandar. O melhor amigo gay será sincero sobre a roupa que você usa, seu peso, sua celulite. É raro que uma mulher faça isso porque corre o risco de ofender, ou de receber uma resposta pior.

Pela experiência que tenho, muitas vezes são os melhores amigos gays que terão o número, no celular, da melhor depiladora com cera da cidade. Eles têm pelos mais grossos... e são machos, de modo que suportam menos a dor. É claro que sendo solteira você pode optar pela cera italiana indolor para os pelos do corpo – fabulosa por fora, uma gorila por baixo (como diz a escritora Kathy Lette, este é o único momento em que é socialmente aceitável clamar "quero Bush de volta") [*Bush* significa moita ou arbusto em inglês]. A depilação com cera à brasileira do tipo biquíni dói, por mais que você tome montes de analgésicos, mas você não tem que adotá-la, a não ser que se sinta melhor. Esse tipo de faxina rápida pode se estender para outras áreas, como por exemplo, o bronzeamento artificial só do rosto e das partes expostas.

Quando entrar num salão de beleza, não deixe que uma esteticista tirânica a assuste insistindo que você precisa de mais cuidados do que os que marcou, ou que tem que comprar um caminhão de produtos deles, que nunca vai usar. Também não precisa ficar envergonhada, mesmo se mandarem você ficar de quatro quase nua na mesa, com a bunda para cima, para poderem alcançar uns tufos mais complicados. Fique tranquila e saiba que eles já examinaram pelos encravados piores do que os seus, já viram virilhas mais peludas e pés com joanetes maiores. Apenas certifique-se de que suas dobrinhas e reentrâncias estejam limpas quando se entregar às mãos da depiladora. Você está pagando e possivelmente (certamente, no caso de uma boa depiladora) dando gorjeta, por isso se ela fizer com que você não se sinta bem, procure outra. A boa educação na cama devia se estender de médicos a esteticistas.

Fique com um pé atrás se o seu, ou a sua esteticista vier de um outro país, ou se você estiver fazendo algum tratamento no exterior. Pode-se perder muita coisa na tradução. Não existe uma língua internacional para depilação com cera, de modo que além de saber se a sua depiladora é bem qualificada (queimaduras de terceiro grau não valem um desconto, nem as risadas do seu mais recente amante), seja específica. A depilação total brasileira, que para a esteticista europeia significa deixar só uma linha no meio, não é a mesma coisa para uma depiladora de Hollywood, onde a mesma palavra significa tirar tudo. Essa experiência, especialmente torturante, é chamada de "uma Hollywood" para as meninas deste lado do mundo. Ainda tenho que descobrir o que esse nome significa para alguém da Califórnia. A única coisa que sei foi que me deixaram careca num lugar em que achava que devia ter algum pelo, quando a esteticista de La-La Land botou as mãos em mim em meu salão em Londres.

Assim como os próprios tratamentos, comportamentos socialmente aceitáveis nos salões podem diferir de um continente para outro. Quando eu estava em Los Angeles numa viagem a trabalho, resolvi dar um pulo no spa do hotel e dei de cara com um formulário que perguntava se eu consumia drogas recreativas ou álcool, e quadradinhos para ticar "sim" ou "não". Na minha cabeça, uma taça de vinho é completamente diferente de aspirar uma grande quantidade de cocaína, mas obviamente não era assim para os angelenos. Apareça nua em pelo, como se faz na Suécia, para uma massagem na Tailândia e não vai ver nenhum óleo por lá, só uma mulher bem pequena e muito séria abanando um pijama para você vestir. Depois ela dobrará seu corpo em posições que você jamais imaginou serem possíveis fora do Kama Sutra. Como acontece com tudo, o segredo é a pesquisa, por isso é prudente fazer alguma antes de entrar em qualquer salão, ou spa.

Praticamente todo o nosso ritual de beleza vai acontecer em seu banheiro, é claro, onde você deve aproveitar a oportunidade de estar dentro de uma zona de conforto para fazer avaliações sinceras sobre sua aparência.

Se a sua maquiagem é a mesma de cinco anos atrás, você está empacada, então, peça a uma amiga que faz a dela maravilhosamente para ensinar como mudar a sua. Uma mulher solteira que conheço usava a mesma maquiagem que tinha visto num anuário da revista *Just Seventeen* de catorze anos atrás, até que uma mulher de 23, autoritária mas muito bem arrumada, pegou-a pela mão e mudou completamente aquela pintura. A da *Just Seventeen* tinha 33 anos. Isso serve para mostrar que o que ficava bem em você numa era em que ombreiras bem grandes e cabelo eriçado eram considerados o top da moda não vai, necessariamente, realçar o que você tem de melhor agora.

A mulher solteira pode se produzir como bem entender, dos saltos até o cabelo, sem ser incomodada por um cônjuge estridente. Pode ir ao cabeleireiro e escolher o estilo de cabelo que combine com você, sem medo de aborrecer um rapaz que prefere louras a morenas, ou que acha hilariante e fatal para a paixão que sua gola e punhos não combinem. A história nos diz que em tempos de depressão econômica o gasto com cabeleireiro não diminui tanto quanto se pensa. Porque dá a pelo menos metade da população um ânimo a mais. Está aí a nossa perfeita justificativa para não ter qualquer sentimento de culpa pelo tempo que passamos cuidando do cabelo, especialmente porque não há necessidade de estourar a conta no banco. O xampu comprado na rede Superdrug pode deixar o cabelo tão macio e sedoso quanto os da exclusiva loja Space NK. A faxina não precisa custar os olhos da cara. Se no salão estão cobrando trinta libras para cortar as cutículas, faça isso em casa e pague apenas seis libras pelo esmalte com uma profissional. Opte pelo DIY facial da Superdrug e com o dinheiro que economizou curta uma massagem de cadeira, algo que você definitivamente não ia conseguir fazer sozinha.

Concentre-se no que lhe dá prazer em seu próprio corpo. Eu gosto das minhas mãos. É raro minhas unhas estarem menos do que perfeitamente pintadas. Detesto meu tom branco azulado, por isso nunca sou vista exibindo qualquer parte da pele sem um spray bronzeador – o mundo não precisa conhecer a alternativa: minha impressão perfeita de uma galinha que acabou de ser depenada. Sentir-se bem é como uma droga que melhora o desempenho. Quando fui fazer as provas finais, todas nós aparecemos desarrumadas, menos uma menina, que chegou exibindo aquela glória boêmia, com maquiagem cintilante. Todas achamos que ela era louca. Os dez minutos que passou se arrumando, nós passamos queimando as pestanas. Quando questionada, ela apenas disse que sempre obtinha resultados melhores quando se sentia bem com ela mesma. A Menina Cintilante foi uma das poucas mulheres que tirou nota máxima no meu curso naquele ano. Ninguém do meu círculo de pestanas queimadas conseguiu. Não se passa um dia sem que eu me lembre daquela lição. E quando é necessário aumentar a segurança, aplico uma camada extra de brilho labial e calço um salto mais alto.

Procedimentos médicos

É claro que existem opções que passam da pele para o território médico. Com o advento das injeções e lasers, as traves da meta do que é cirurgia cosmética estão sempre mudando de lugar e à medida que ela fica mais avançada e menos cara, está se tornando até mais aceitável. Algumas mulheres afirmam que jamais fariam um lifting facial e são adeptas do botox; outras eliminam veias e manchas feias com laser e ao mesmo tempo condenam qualquer pessoa que use implante de colágeno. Tanto o botox quanto a remoção de manchas podem custar menos do que uma cirurgia facial completa. Há também a operação dos olhos a laser que, a longo prazo, sai mais barata do que lentes de contato e armações novas. Será uma operação que melhora a saúde ou mera vaidade?

Não se trata do que as pessoas pensam. A maior parte do tempo elas não notam seus defeitos e nem os truques que você usa para esconder, ou corrigir, essas imperfeições. Mas se você resolver que corrigindo uma imperfeição vai se sentir melhor e andar de cabeça erguida, e se puder pagar, então faça. Como ocorre com qualquer serviço, não deixe de pesquisar antes e só gaste seu dinheiro com o melhor.

O segredo é o momento certo. Uma amiga do colégio que tinha um nariz muito distinto voltou das férias de verão com um pequeno e arrebitado. Mesmo com apenas dezessete anos, ela fez a coisa direito, mas acontece que ela era extremamente sofisticada e tinha telefone celular anos antes de qualquer das minhas contemporâneas.

É muito difícil fazer plástica numa cidade pequena sem ser notada depois. Mesmo que você só dê uma entrada na loja da esquina, a notícia sobre cada esticada se espalha feito fogo na palha. Mas é mais fácil sendo solteira, já que não temos a cara-metade que pode tomar um porre e abrir o bico. Pode ser mais barato operar em outro país, mas certifique-se de procurar um cirurgião com boa reputação. Uma mulher solteira de cinquenta e poucos anos (bem, não tenho certeza, ela poderia ter qualquer idade entre quarenta e setenta) desaparece regularmente em escapadas até Nova York para renovar a pele e tirar as veias por menos de 200 libras. Custaria o dobro na Inglaterra e as técnicas não são tão avançadas.

Cirurgia deve ser sempre o último recurso, já que há sérios riscos, desde uma operação malfeita, que a deixa com beiçola de truta, até parar numa UTI. Por isso experimente cremes e no caso de diversas partes do corpo, faça exercícios primeiro. Personal trainers são sempre uma opção mais barata para perder gordura do que lipoaspiração com anestesia geral, e menor perigo para você.

Exercício

Você tem escolha. Toda mulher solteira pode ficar sem barriga, se quiser. As grávidas, não. Você pode resolver não fazer exercícios, mas envelhecer tem algo muito irritante: o nosso metabolismo se torna mais lento. Quando nos exercitamos, podemos continuar tendo o prazer de comer. A outra boa notícia é que para ficar em forma não precisamos mais de uniformes feios nem de nos submeter aos trancos das garotas mais fortes nas aulas de esportes e ginástica. Você pode fazer o que lhe agrada mais, com roupas esportivas bem charmosas.

Não existe motivo para botar a barra de exercício tão alta que você nunca consiga escalá-la. É preciso ser realista sobre onde se encaixa melhor e qual atividade é a certa para você. Pode ser uma caminhada acelerada pelo parque com o cachorro, ou com sua/seu melhor amiga/o. Pode ser uma aula de yoga onde se pode fofocar com a colega yogi, entre posições de cachorro olhando para baixo. Pode ser ir para o trabalho de bicicleta. Mas para muitas mulheres solteiras ocupadas, que têm aversão a enfrentar as intempéries quando um lugar quentinho serve perfeitamente, a solução será correr na esteira da academia, ligada ao seu iPod e ignorando o mundo lá fora, por quarenta minutos.

Eu era sempre a última a ser escolhida nos times da escola porque era inútil em tudo o que fosse físico. Isso me deixou anos fora dessas atividades, mas com o tempo, aos vinte e poucos anos, criei coragem para entrar numa academia e descobri que não era de jeito nenhum a mais patética. Depois de alguns anos de prática, aposto que hoje consigo fazer mais abdominais do que qualquer uma com a minha idade.

Quando entrar para uma academia, não se deixe influenciar na escolha por toalhas felpudas, ou por instrutores bonitos da comunidade britânica (aliás, você quer que eles a vejam suando, toda desgrenhada?). A escolha da academia vai depender da localização. Usei por um tempo uma academia que ficava a quinze minutos de distância a pé. Em fevereiro era uma luta. Agora frequento outra a trinta segundos e tenho ido, mesmo que seja só por vinte minutos por dia. O empório de exercícios que ficava um pouquinho de nada mais longe podia ter um padrão mais chique, mas não era páreo para minha cama. Se entrar para um estabelecimento desses em janeiro, depois de uma decisão tomada no Ano-Novo, faça o favor de não desanimar se tiver que enfrentar uma verdadeira batalha para usar o equipamento. Quando chegar fevereiro, os pais vão voltar para a correria das crianças na escola e sua força de vontade já terá esmorecido – os parceiros já a terão esmagado e eles já não se sentirão culpados por não fazer nada para mudar as carnes flácidas.

Se escolher uma academia que não é frequentada por ninguém que conheça, poderá assumir uma identidade alternativa. Mas se for vizinha do lugar onde trabalha, deve tomar cuidado e prestar muita atenção. Certa vez, quando trabalhava para uma gravadora, os funcionários eram obrigados a gostar de música indie (de vanguarda), mas eu gostava de música mais palatável e ritmada, especialmente quando estava malhando. Com The Village People era muito mais fácil sentir as calorias queimando do que com The Verve. Nós todos usávamos a academia ao lado, por isso eu costumava me conectar com o sistema de som interno, ouvindo sucessos populares de uma rádio bem popular, depois sintonizava a caixinha na minha esteira numa estação de música indie antes de ir embora. A única vez que esqueci de fazer isso, o diretor do departamento artístico (o que descobre os talentos) usou a esteira logo depois de mim e nunca me perdoou essa mancada. Ele até mandou um e-mail desaforado, falando do meu gosto para música para o chefe do meu departamento. Mas me vinguei. Toda vez que fazia musculação perto dele, ao terminar eu mudava as especificações de modo que o peso ficasse muito acima do que eu costumava usar. Quando ele sentava para ajeitar o equipamento para ele, ficava espantadíssimo com o nível da minha capacidade. Ele também era do tipo que tinha um aparelho de corrida preferido, então eu tratava de chegar antes e ficava ocupando um tempo enorme, de modo que ele era obrigado a usar outro.

Quando entramos numa academia, deixamos toda a dignidade na porta e nos vemos em um universo paralelo, no qual a pessoa que antes era mentalmente sã se transforma em doida varrida. De fato é meio esquisito encontrar colegas de malhação do lado de fora, já que as pessoas tendem a se comportar de modo tão diferente – uma série inteira da vida selvagem de Attenborough devia ser dedicada aos vários tipos que habitam esse ambiente estranho e muitas vezes subterrâneo.

Há espécies distintas e facilmente reconhecíveis em toda academia, e observar essas criaturas é uma boa forma de se distrair do esforço físico. Primeiro, temos as princesas cárdio, que sempre usam os mesmos aparelhos – esteira ou bicicleta ergométrica – e nunca fazem musculação para aumentar a musculatura. Seus corpos ficam tão acostumados com a repetição que elas nunca perdem peso e, quando param, viram uma bola. Como uma mulher solteira superior, você sabe que para ficar magra precisa variar os aparelhos e ganhar massa muscular para acelerar o metabolismo. Não tenha medo, você só precisa ficar na área de pesos fixos, não tem que se aventurar na zona de pesos livres, que sempre parece o habitat exclusivo de monstros halterofilistas peludos. Mas se tiver vontade de criar um certo alvoroço, não há nada melhor do que passear por esta arena, especialmente se for escoltada por uma bicha louca e vocês ocuparem uns dois bancos enquanto tagarelam escandalosamente sobre depilação das costas, do saco e da bunda. De repente, aqueles homens em volta, supostamente machões, vão começar a soluçar baixinho.

Além desses animais, temos os malucos "alternativos", que insistem em pular corda numa área que não podia ser mais inconveniente para todos à volta e depois vão se equilibrar por horas em bolas estranhas. E ainda há pelo menos uma obsessiva que tende à anorexia, e nunca faz aula com medo de que comentem sobre sua magreza. Ah, claro, quase tão estranhas são as pessoas que só fazem aulas. Os casos mais sérios dessa variedade de loucos são os bombados que chegam horas antes para instalar seu equipamento bem na frente de um espelho, e que acabam se lesionando, porque não há como o instrutor vigiar cada um. Alguns empresários que entram na academia para justificar os longos horários de almoço, não entendem por que não perdem a barriga e esquecem que é porque passam o tempo todo dentro da sauna. Há ainda um grupinho de pessoas tímidas com personal trainers que acompanham os novatos medrosos e que, depois que o instrutor prepara o programa, provavelmente jamais porão os pés na academia novamente.

Personal trainers são incríveis, se puder pagar um. Mas como os terapeutas e os amigos, você tem que selecioná-los com cuidado, portanto, faça uma pesquisa perguntando na academia qual será melhor para você. Se não gostar do que escolher, troque. Personal trainers mulheres em geral são mais exigentes com as mulheres, e é claro que, com elas, você elimina o perigo de enfrentar qualquer avanço sexual, a menos que elas (ou você) tenha o poder de persuasão de uma Martina Navratilova. No meu círculo de mulheres solteiras, há um número desproporcional que contratou treinadores homens e acabou caindo no charme deles (ou talvez, nessas circunstâncias, braços musculosos seja a expressão correta). De fato, uma amiga solteira que, num passeio de barco, ficava o tempo todo mandando mensagens de texto para seu super sexy treinador, fez com que o pretendente que bancava o fim de semana ficasse tão enciumado que acabou jogando o celular dela no mar.

Você é solteira, de modo que tem liberdade para fazer o que quiser. É muito especial alguém achá-la atraente quando você está desarrumada, por isso se as mãos bobas acrescentam um *frisson* bem-vindo à sua malhação, deixe-se levar mas preste atenção aos riscos. Quando o caso de amor acabar e/ou ele se mudar para Holmes Place, em Harrow, você talvez considere ficar na cama encolhida sob um grande edredom, com chocolate Maltesers, uma alternativa melhor do que a cena do coração partido. Mas embora a Nestlé possa achar ótimo seu desespero, sua barriga é que vai pagar o preço.

Os vestiários das academias foram feitos para você se sentir melhor com seu corpo, já que a luz é tão cruel que mostra as celulites de todo o mundo. Mas você não precisa ser: a) uma daquelas malucas que executam um ritual complicado quando se vestem, com a toalha enrolada no corpo, com medo de exibir qualquer coisa (nós todas já vimos isso), ou b) exatamente o contrário, isto é, uma daquelas que desfilam por todo canto completamente nuas. Como tudo na vida, procure o equilíbrio!

As dietas

Mulheres solteiras podem comer o que quiserem, quando quiserem. Você fica menos propensa a ser tentada pelo desejo alheio de comer besteira e pode estocar sua geladeira com tudo de que gosta. Se vai almoçar direito e só quer uma barra de chocolate no café da manhã e um pote de cereais no jantar, antes ou depois de sair, pode fazer isso. Não tem sua cara-metade exigindo que faça curry com batata frita para dois.

Claro que se você resolver ceder a todas as tentações em forma de comida, vai se arriscar a ganhar peso. O que não seria um problema se ficasse satisfeita sendo uma beleza um tanto avantajada, só que isso denotaria que você não é saudável, e não é mesmo. Ser magra demais é tão ruim quanto. E as rugas aparecem mais.

Nesse ponto, vamos reconhecer um fato básico: as dietas, seja a do repolho, ou a da sopa, são chatas e nos tornam mais chatas. Todos sabemos que somos o que comemos, que se trata das cinco porções de frutas, legumes e verduras todos os dias, que o álcool é cheio de calorias, bolos e doces também. Sabemos que se comermos menos e fizermos exercício, acabaremos magras. Não é nenhuma ciência espacial, embora a indústria das dietas procure indicar que é.

Se você faz dieta, não alardeie, apenas faça. Amigas mulheres e amigos gay muitas vezes tentam sabotar sua dieta para que se sintam menos culpados em relação à deles. Já os homens hétero vão se entediar e até se irritar se você não quiser comer. Há várias opções menos calóricas, há sempre a possibilidade de encontrar as pessoas para beber em vez de jantar, e de parar de consumir bebidas alcoólicas depois do segundo copo (depois de um certo momento na noite, ninguém nota se você está bebendo soda limonada com ou sem vodca).

Uma mulher solteira que eu conheço vive com o peso máximo que a deixa feliz e, se passa disso, não fala nada, apenas fica mais vinte minutos na esteira quando vai se exercitar e toma Weetabix quente e amassado no almoço ou no jantar. Em uma semana, ela volta ao seu peso ideal. Quanto mais fácil for sua dieta, mais chance terá de perder aqueles quilos.

Terapia de consumo

A mulher solteira tem o privilégio de orientar seu poder de compra para coisas que acha essenciais. Roupas e sapatos são seu uniforme, e se quiser categorizá-los como aquisições imprescindíveis, pode. Um dado picante: acessórios – por exemplo, uma bolsa transadíssima pendurada no ombro – a tornam mais interessante... para outras mulheres e para os homens (os gays vão notar o estilo, os héteros, que você tem uma aura natural de segurança). Uma amiga mais velha recém-divorciada nunca fazia compras para ela, a não ser que suas roupas virassem pó. O marido provocava nela uma sensação enorme de culpa. Ele a deixou. Ela diz que foi graças a uma bolsa nova que conseguiu enfrentar sozinha certos eventos perigosos. E a bolsa cai melhor no braço dela do que o ex-marido em qualquer tempo.

Sapatos são invenções espetaculares. Você pode ir à loucura com eles, seja qual for a sua aparência ou seu peso atual. Portanto são um investimento bastante seguro, diferente de um vestido de grife pequeno demais, que sairá de moda imediatamente. Escolher um sapato pode ser como escolher um homem, só que sem o trauma emocional – e no caso da minha amiga solteira recém-divorciada, mais barato. Você pode optar pelo tipo sem graça mas confiável, ou por um sexy que sabe que vai machucá-la em pouco tempo, mas que é bonito demais. E ainda vem com o bônus adicional de permitir que você pise nele (ou neles, pelo menos) e que ele volte sempre, querendo mais.

Se tiver qualquer dúvida sobre seu estilo de roupa, consulte qualquer amigo que encontrar. Nunca vou esquecer do dia em que cheguei de calça jeans stretch branca, top com decote enorme e megaplataformas na sala do meu amigo solteiro mais poderoso (influente no Palácio de Westminster, eu o conheço desde que nasci, ele é amigo dos meus pais) que ia me acompanhar a uma festa. Ele me olhou de cima a baixo e disse, o mais alto possível, para que todas as pessoas importantes (bem, políticos e seus apêndices) em volta pudessem ouvir: "Você está meio Liz Hurley, não está?" Aprendi a lição. Nunca se sinta forçada a ser escrava da moda; use o que ficar melhor em você.

Se tem pernas curtas, sandálias com tiras que sobem até a metade delas só vão acentuar a imperfeição. Se você costuma ser levada a compras erradas por vendedores insistentes, leve seu melhor amigo gay junto, para protegê-la. Os vendedores correm de medo e seu amigo diz a verdade, muito melhor do que qualquer espelho, ou um vendedor comissionado, com falsos elogios. Os melhores amigos gays também dão força para que você assuma riscos justificáveis. Certa vez comprei um vestido de noite no qual jamais imaginaria caber, nem que seria capaz de usar impunemente, até que meu amigo gay o descobriu quando fuçava umas araras numa loja (eu estava sentada, com crise de cansaço de compras – preciso parar de sair em orgias de compras com salto dez) e me enfiou nele. É de parar o trânsito, só que meu amigo tem que vir à minha casa para arrumar meus seios dentro dele toda vez que quero usar.

Férias solteiras

Crucial para a vitalidade da mulher solteira é de vez em quando dar uma parada, literalmente, para manter em ordem a mente, o corpo e a alma. E outra bênção da mulher solteira é que ela pode aproveitar a vantagem de ter mais dinheiro na poupança para férias, além de não ficar restrita às férias escolares, ou às preferências de um companheiro. Férias podem ser exatamente férias, não uma viagem "combinada", na qual você fica tiritando de frio e exausta. Você jamais terá que se ver numa excursão de rúgbi na Islândia se prefere estar numa praia. Com a vantagem de poder tirar férias "fora da temporada" (quando os filhos na escola estão no seu devido lugar, na escola), você também não terá que pagar tudo mais caro. Isso tornará suas férias bem mais tranquilas, sem ter que brigar com jovens que berram, espirram água e enchem seu cabelo de cloro toda vez que entra na piscina cheia de xixi.

Você pode viajar com outras pessoas solteiras, mas escolha seus companheiros com muito cuidado. É sempre uma boa ideia usar a ideia que você tem de férias perfeitas quando ainda estiver no estágio de planejamento. Se suas amigas ficam correndo de um lado para outro olhando monumentos, mas sua atividade preferida é esticar o braço para pegar um drinque numa praia, então talvez vocês não sejam companheiras de viagem compatíveis. Uma amiga solteira foi para Ibiza se bronzear e acabou atropelada por companheiras que tinham se metamorfoseado em notívagas por boates cheias de pó. Em caso de dúvida e se o orçamento permitir, pelo menos opte por quartos separados.

Para algumas pessoas, tirar férias sozinha é talvez o último bastião da bravura. Para isso um spa é perfeito, porque está cheio de outros solteiros. Tenho várias amigas que saem toda noite em casa, quando chegam a um ponto em que não suportam mais conversar com ninguém. Elas somem regularmente num desses spas, para fazer as pazes com o mundo e voltar por cima de novo. Outras, às vezes, dizem que vão viajar, mas em vez disso ligam o modo "hibernar" em casa mesmo. Desligam os telefones, abastecem a geladeira e só se aventuram até onde seus edredons permitem.

O principal problema para quem pensa em viajar sozinha é o jantar. Nos spas há sempre a mesa "oficial" dos solteiros, mas se sentar junto com os Topa-Todas a enche de medo, é simples: leve um livro. E apesar de poder se sentir antissocial, é capaz de se surpreender. Nunca se sabe quem vamos encontrar. Uma mulher que eu conheço paquerou o marido num desses retiros e eu conheci alguém que viria a ser o meu melhor aliado financeiro no trabalho. Quase namoramos depois de nos encontrarmos por acaso uma noite com uma garrafa de vinho e o cardápio do spa (nós dois estávamos nos rebelando – desintoxicar sempre me dá vontade de reintoxicar). Então, descobrimos que ele conhecia o melhor amigo do meu pai e também o pai de um dos colegas do meu meio-irmão... Qualquer ideia de um encontro romântico foi rapidamente abandonada.

Por mais que sonhemos tirar férias longe disso tudo, o tempo todo, temos que voltar para a realidade e para casa. Por isso agora vamos dedicar nossa atenção à administração dos domínios domésticos da mulher solteira.

CAPÍTULO 3

Administração doméstica

O lar pode ser onde mora seu coração, se você é uma dona de casa desesperada; não precisa ser, quando se é uma mulher solteira satisfeita.

Ao contrário, o lugar onde você mora pode ser o que você e o seu gerente de banco determinarem que vai ser – um lugar que tenha apenas espaço suficiente para você deitar, ou onde possa reunir os amigos e dar festas que ficarão na história.

Sua residência não é questão de espaço no sentido de metro quadrado, e sim no sentido mental. Tenho muitas amigas solteiras que vivem em caixas de sapato tão pequenas que não teriam onde guardar grandes quantidades de calçados, mesmo que fossem as maiores acionistas da Blahnik, e são cem vezes felizes. Por quê? Porque por mais que adorem seus pais, elas moravam com eles. Existe um motivo para as meninas saírem de casa mais cedo do que os meninos, mesmo que isso as sobrecarregue financeiramente do mesmo modo: a culpa. Sim, de novo aquela emoção que as mulheres conhecem tão bem. Como os meninos não sabem distinguir chantagem emocional, eles acabam sendo menos chantageados – os pais simplesmente desistem de ficar cobrando e reclamando com eles. Por isso as meninas resolvem sair do ninho mais cedo. Uma das minhas companheiras de farra tem três irmãos preguiçosos, todos com mais de 28 anos, que ainda moram com os pais. Ela saiu de casa aos 21, mas continua sendo a pessoa, depois dos pais, para quem a polícia ligaria se o alarme antirroubo fosse ativado. (Seus irmãos são famosos por continuarem a dormir com o alarme tocando.)

Mudar para minha miniatura de casa própria, longe da vizinhança dos meus dois pais, foi um dos melhores presentes que recebi: um relacionamento adulto com eles (realmente o mais funcional possível), coisa que às vezes me escapava quando eles podiam observar e ouvir todas as minhas idas e vindas. Grande parte da minha claustrofobia sem dúvida existiu apenas na minha cabeça. Mas parte dela era justificada. Os caras que iam me visitar eram famosos por correr pela rua para tentar evitar a câmera virada para a porta da casa de meus pais, só que posicionada de tal forma que pegava a minha também. A câmera era ligada ao aparelho de TV dos meus pais e eu me convenci de que às vezes eles assistiam àquele canal exclusivo do Big Brother quando a única alternativa era uma reprise de *Neighbours*. Um deles havia desenvolvido o hábito de enfiar a cabeça pela janela da cozinha para dizer "oi" às minhas visitas e uma vez até me chamou de vadia por passar a noite fora quando voltei da casa do meu namorado na época. Para ele isso era só ser simpático, claro, mas a falta de privacidade me incomodava e cheguei a desviar do caminho para evitar esses meus pais. Quando saí de lá, eles ficaram com medo de que os trinta segundos que passavam com a filha mal-humorada que soava como uma adolescente monossilábica, se transformariam em contato zero, mas o fato é que aconteceu justamente o contrário. Agora estou sempre com eles e nos damos normalmente. E o pai da janela da cozinha de repente se interessou pela assinatura da Sky TV logo depois que me mudei.

A questão é que se você pode bancar a mudança, alugando ou comprando, é a melhor coisa que fará na vida por sua cabeça, se não por sua conta bancária. Se for uma questão de cenário, é absolutamente justificável que a conta da sua felicidade fique mais gorda do que a da sua poupança. O lar não precisa ser onde seu coração está, mas tem que lhe garantir alguma paz de espírito. Ter os pais em cima de você vinte e quatro horas por dia, sete dias por semana, quando você já não é mais criança, pode ser um complicador do relacionamento e levar a conflitos constantes. Desde que minhas amigas solteiras saíram da casa dos pais não tem havido quase nenhuma lágrima de frustração com a outra geração, de nenhum dos dois lados, um contraste marcante com os comentários imaturos do tipo "você não me respeita" que as duas partes costumavam alegar antes.

À procura do lar ideal

Antes de mais nada você tem que resolver o que quer da sua casa. Haverá sempre limites orçamentários, mas a essa altura também há menos gente e estilos de vida a considerar – sejam eles fazedores de churrasco que precisam de espaço ao ar livre, ou televisores de alta definição fenomenalmente grandes. Espaço sempre custa caro, mas como você é uma mulher solteira, será que precisa de tanto? Você pode bancar a francesa. É jovem e livre para escolher uma caixa de sapatos decadente por conta da localização, em vez de um lugar onde as corridas de táxi são caras e onde você terá vários cômodos vazios.

Moro na minha caixa de sapatos há mais de três anos, já que no momento minha prioridade é localização e não tamanho. No meu mundo de mulher solteira, uma boa casa é um lugar em que o transporte público, lojas de todos os tipos e o mundo do trabalho estejam à soleira da minha porta. É o lugar onde tenho minha cama de casal, meu banheiro e minha geladeira para guardar bebida e um limão velho (este último você pode usar para desintoxicar, pondo na água quente, ou para acrescentar ao gim-tônica quando voltar para o modo mais realista da reintoxicação). Não há necessidade de se sentir pressionada a ser uma deusa do lar, já que não há espaço suficiente. Não tenho tábua de passar porque não há onde botar uma (por isso tenho muitas roupas à base de lycra e quando preciso ponho as peças amassadas na secadora com um pano molhado por cinco ou dez minutos, que funciona do mesmo jeito). Também não sei ligar o forno, fato que minha mãe deixou escapar para minha avó, que levou alguns minutos para recuperar sua elogiada compostura ao saber dessa inaptidão específica da neta (minha prima mais jovem, ao contrário de mim, acabou de se casar e tem uma cozinha grande, com copa e tudo). Não ser uma perfeita conhecedora do funcionamento básico desse item da cozinha não tem importância nenhuma para mim. Sou especialista em micro-ondas e até sei ligar meu forninho. Eu costumava cozinhar quando morava numa casa que tinha mesa de jantar. Agora, quando alguém aparece para jantar vamos até a pizzaria que há embaixo do prédio, já que obviamente lá eles têm muitas mesas adequadas para se comer, enquanto eu só tenho uma, e do tipo mesa de centro.

Trata-se do que a faz feliz, que pode ser alimentar cinco mil pessoas e nesse caso terá que optar por um lugar maior. Mas talvez também tenha que comprar botas de caminhada para chegar ao ponto de ônibus ou à estação de trem, metrô. Ou pode ser simplesmente um lugar que dê para você desmaiar. Pode ser uma ruína para reformar, ou um apartamento impecável. O importante é que você sinta que sua casa é seu refúgio, um lugar capaz de rejuvenescê-la de alguma forma.

Quando descobrir o que é mais importante para você, a questão financeira se avoluma, assim como a decisão de dividir seu espaço com alguém, ou não.

Você aguenta dividir?

Dividir seu apartamento com alguém pode muito bem depender de limitações pecuniárias, e não de uma escolha pessoal. No entanto, se você estiver na posição privilegiada de poder escolher, antes de resolver automaticamente morar com alguém porque sempre fez isso, pare um pouco e reflita.

Você não é mais uma estudante, para quem morar com outras pessoas é parte essencial de toda a experiência da faculdade. Você está no mundo real. Poder andar nua pela casa, comer o que quiser e fazer a maior bagunça no banheiro são vantagens de ser solteira das quais não devia se privar por nada.

Tenho fama de andar de casaco dentro de casa para economizar nas contas do aquecimento, em vez de ter que aturar uma companheira de apartamento que poderia subsidiá-las e talvez reclamasse dessa extravagância. A gota d'água para uma das minhas amigas solteiras e a ex-companheira de apartamento foi quando ela foi acusada de ser perdulária por comprar papel higiênico de boa qualidade. As duas tiveram uma discussão aos gritos sobre absorvência e descobriram que era hora de dar um tempo em seus planos de moradia. Tive três pessoas morando comigo. Apesar de gostar demais de todas, elas não faziam bem a minha saúde mental, assim como tenho certeza de que eu era terrível para a delas. Passo tempo demais tendo que ficar "ligada" quando estou fora de casa, por isso não dá mesmo para encarar uma conversa quando estou dentro. Quando dividia o apartamento com essas pessoas, o que acontecia era que elas: a) ficavam preocupadas comigo e não paravam de perguntar se eu estava bem... muito simpático, mas muito chato ter que dizer a toda hora que eu estava; ou b) ficavam ofendidas. Não tinha nada a ver com elas, eu estava apenas sem papo.

Uma das maiores vantagens do meu apartamento ser minúsculo é que não tem espaço físico para dividir com alguém, por isso ninguém pede e eu não tenho que dizer não. Uma amiga solteira que tem um segundo quarto, admite que a existência dele às vezes pode ser uma provação. Ela está louca para se mudar para um apartamento mais transado, de um quarto só. As pessoas estão sempre querendo morar, ou ficar um tempo com ela e se sentem mortalmente ofendidas quando ela recusa, mesmo oferecendo um aluguel astronômico. Ela dá um duro danado para ter aquele espaço e se recusa a ser convencida por ofertas de biscoitos com pingos de chocolate, ou limpeza que já vem pronta. Ela quase fraquejou com ofertas de massagens toda semana, mas acabou não cedendo.

Outras mulheres solteiras que conheço preferem a companhia de um animal de estimação do que de gente. Mas pense com muito cuidado antes de arranjar um amigo peludo vivo. Gatos podem até ser o acessório tradicional das mulheres solteiras, só que eles exigem alguma atenção. Sinto muita saudade de meu felino, Smirnoff, mas não da trilha de destruição noturna com que costumava me receber todas as manhãs. E agora que ele não está mais lá, os vizinhos não acham mais que sou alcoólatra, já que não grito mais o nome de uma marca de vodca no café da manhã. Eles não tinham como saber que era porque minhas chaves tinham caído na bandeja de areia dele pela enésima vez. Lembre que ser uma mulher solteira é curtir a falta de responsabilidade, não ir contra ela. Minicães podem até ser acessórios *du jour* para as Paris Hilton da vida, mas essas prima-donas de quatro patas são para o resto da vida e você provavelmente não tem a comitiva dela para catar o cocô por você, se um dia se cansar da incongruente capacidade dos cãezinhos em defecar. Um ser humano que morasse com você teria pelo menos essa educação sanitária.

É claro que, para algumas, ter outras pessoas em volta é necessário para a sanidade mental. Uma mulher solteira que conheço não consegue viver sozinha e precisa das amigas por perto para assistir ao seriado *The OC* sempre que ela tem a rara oportunidade de uma noite tranquila em casa. Por outro lado, ela também não consegue compreender a necessidade que eu tenho da mais completa solidão quando faço a mesma coisa. Seja qual for o seu motivo para dividir a casa com alguém, há certas armadilhas que devem ser evitadas. Mas desde que você as conheça, poderá compartilhar a vida de solteira junto com as amigas de farra.

A vantagem nessa fase de sua vida é que, diferente da família, você é que escolhe com quem vai morar. Quando for escolher, então, pense muito se vocês são de fato compatíveis para morar juntas, tanto na área financeira quanto na pessoal. Nunca poderia morar com minha melhor amiga, por mais que entre em pânico se ela fica fora do alcance do contato por rádio por mais de algumas horas. Financeiramente, minha melhor amiga não é do meu time. Ela ganha muito mais do que eu, por isso pode gastar mais em tudo. Isso tornaria as idas ao supermercado muito estressantes. Além disso existe uma outra discrepância. Ela é a maior bagunceira, a pessoa mais preguiçosa e menos domesticada do mundo. Sua lavadora de pratos está desligada há mais de um ano porque ela simplesmente ainda não mandou instalar. (Nem com sua faxineira sofredora implorando.) Nem eu sou tão ruim assim: pelo menos meu fogão está ligado. Nós duas sabemos que seríamos totalmente incompatíveis se morássemos juntas, porque eu ficaria tensa demais, mas nosso relacionamento é tão sólido que somos capazes de dizer isso uma para a outra. E nem eu quero que nossa amizade corra qualquer risco numa disputa para ver quem põe o lixo para fora. Ela é importante demais para mim para isso.

Algumas amigas minhas adoram dividir, pois raramente encontram suas companheiras de apartamento. Para elas esse desencontro pode ser muito conveniente. Mas previna-se se for morar com uma amiga que tem namorado. Até a cara-metade mais simpática se torna irritante quando você tem que falar com ele de pijama numa manhã de sábado, ou arrancar os pelos púbicos dele do sabonete. O que há, em essência, é um corpo a mais num espaço que não pode acomodá-lo. Beijos estalados e ruidosos no sofá quando você quer assistir a *The Princess Bride*, ou sexo escandaloso quando você precisa de um repouso tranquilo. Essas criaturas, namorados, também são machos, por isso darão opinião sobre qualquer coisa, desde o canal de TV a que você está assistindo (e que é você que está pagando) até sua vida amorosa, seus hábitos alimentares, ou seu carro. Se, sem querer, você acabar bancando a vela num indesejado *ménage à trois*, convença sua companheira de apartamento a passar bastante tempo na casa dele. Se precisar, recorra a camisolas transparentes e reduzidas a qualquer hora que estiver em casa para ela ficar meio preocupada, sem saber o que os olhos dele estão focalizando, porque às vezes essas medidas desesperadas são necessárias.

Ter companheiras de apartamento é uma questão de limites. E se desde o início der para estabelecer o que representa passar desses limites, inclusive o tempo que os namorados atuais e futuros podem ficar lá, então o prazer doméstico ainda pode ser seu.

A procura

Quando você decide quais são seus critérios, chega a hora de procurar, pela internet, nos pequenos anunciantes, ou via corretores de imóveis. Faço uma observação aqui: você é uma mulher solteira, por isso qualquer rota que tome, tenha na cabeça segurança em primeiro lugar. Se se sentir remotamente insegura em visitar um imóvel sozinha, telefone para uma amiga ir com você. As amigas até podem ser úteis. Meu melhor amigo gay uma vez me impediu de comprar um apartamento por ter observado que não havia lugar para guardar meus sapatos (eu tinha ficado entusiasmada demais pelo banho de loja).

Se for recorrer a corretores, procure os que trabalham no bairro em questão e diga o que quer. Os corretores imobiliários, quer você alugue ou compre, têm que ser administrados (como qualquer pessoa que cruze o seu caminho). Mas como acontece com qualquer um e com tudo o que tem que ser administrado, lidar com eles é questão de puro bom-senso.

Antes de mais nada, faça sua rede de contatos. Conheça o maior número de corretores que puder e use seu charme com eles, porque assim, se você estiver comprando, será menos provável que eles deixem seus clientes extorqui-la e, claro, nunca fale com eles sem uma lista de conversa. Dessa lista de conversa constarão todos os itens que você quer e precisa na sua casa, e perguntas importantes, como "Quem cuida das áreas comuns, quanto cobram pela taxa de condomínio e é verdade que estão planejando desviar a autoestrada M25 para passar na sua porta?" Com algumas visitas a imóveis e uns dois episódios de *Location, Location, Location*, você logo saberá o que são imóveis sem foro e outros ônus e arrendamentos, e como manipular seu corretor. A única razão de eu ter conseguido a minha caixa de sapatos foi o corretor ter ligado para mim quando o outro interessado desistiu. Ele também impediu que outro comprador me passasse a perna com uma oferta maior no último minuto, convencendo seu cliente de que eu era uma compradora mais confiável. Jogar charme funciona. Apesar de sua reputação, os corretores são surpreendentemente humanos e reagem previsivelmente bem a uma molhada de mão.

Comprar um apartamento sozinha já provoca danos a suas economias, mas as taxas de transmissão e honorários de advogados são capazes de esfregar muito sal nessa ferida. Escolher advogados é como a seleção de médicos. Faça sua pesquisa e, se puder, peça recomendações a seus amigos. Essas duas profissões, de tabelião e advogado, cobram os olhos da cara para se comunicar com você em linguagem confusa, por isso contraponha, compare e certifique-se de que está pelo menos obtendo o melhor negócio. E se, afinal, por enquanto, você não tem como pagar para galgar os degraus da ascensão ao título de proprietária, lembre que a felicidade do lar é encontrar um abrigo onde possa dormir tranquila.

Suborne amigos e parentes para ajudar na arrumação e na mudança. Existe um motivo para a mudança e a arrumação de sua casa ser considerada uma das tarefas mais estressantes que você fará na vida. Mas os anos de paz que terá depois, sem falar dos músculos dos braços tonificados com todo aquele levantamento de peso, carregando coisas, devem fazer com que valha muito a pena.

A sua arrumação

Então, você está com as chaves, o chão coberto de caixas e uma tela praticamente em branco para decorar. Outra vantagem de ser solteira é que pode fazer o que quiser. Pode levar uma eternidade para desempacotar as coisas, pode decorar como preferir, a única opinião que importa é a sua. Bem, você talvez tenha que escolher entre o espremedor manual de plástico e o modelo futurista do designer Philippe Starck, mas mesmo assim ainda tem um milhão de opções na largada desse empreendimento, sem que ninguém meta o remo na frente do seu barco. Se tiver alguém dividindo o apartamento com você, será alguém que você escolheu a dedo e que dança conforme a sua música.

Arrumação da casa e "faça você mesmo" talvez sejam, para você, as coisas mais chatas do mundo. Eu certamente acho. Mas tenho uma amiga que passou um ano inteiro arrumando a casa dela, com orçamento reduzido, e mesmo assim conseguiu ocupar os espaços com ferragens brilhantes, sofás brancos que mãozinhas não conseguem manchar (só houve um momento meio tempestuoso no nosso relacionamento quando derramei um pouquinho de vinho tinto no tapete branco. Desde então ela instaurou uma lei de uvas brancas e eu agora só levo borbulhantes, como forma de me desculpar – ela provavelmente me perdoaria mais rápido se fosse champanhe Cristal em vez de Cava, mas pelo menos estou demonstrando certa contrição).

A imaculada princesa tem também papel higiênico preto para combinar com a decoração do banheiro que é toda em preto e branco. Ela assim consegue provar a exceção à regra que diz que qualquer coisa que não seja branco Neve é de mau gosto. Outra conhecida escolheu um tema cor-de-rosa. Tudo, desde as paredes até os sofás e a geladeira, é, de certa forma, cor-de-rosa. Mas o rolo de papel em seu banheiro é definitivamente branco. Essa onda rosa deve ser uma reação a seu ex-namorado, que antes insistia numa decoração toda marrom ou cor de esgoto, no quarto deles. Ele também era um rematado cocô com ela. No caso desse relacionamento, o prenúncio do fim ficava óbvio nas paredes cor de m**da.

Na decoração da sua casa, as possibilidades são de fato infinitas. Tenho uma amiga solteira que põe sapatos e pashminas no lugar dos enfeites, enquanto outra usa casacos para alegrar o apartamento. Quem precisa de pintura quando tem um fino casaco Diane Von Furstenberg na parede que custa tanto quanto a imitação de um Pollock?

Não é verdade que as mulheres não gostam de dispositivos eletrônicos, TVs de última geração e aparelhos de som. Mas nós sabemos que eles não são tudo, nem uma finalidade em si. É perfeitamente normal não ter um conhecimento enciclopédico sobre o que está na moda em termos de eletrônica. Só que os vendedores podem considerar a mulher solteira uma presa fácil. Se você acha que precisa de um especialista na hora de comprar essas coisas, procure um amigo, mas escolha com muito cuidado essa autoridade no assunto. Cometi o erro de levar meu irmão, produtor de música, quando fui comprar esses aparelhos, porque pensei que o conhecimento dele significaria que eu não pagaria um preço exorbitante. Acabamos discutindo na Tottenham Court Road quando ele tentava me convencer a comprar uma TV que não ia caber no meu apartamento, que dirá passar pela porta.

Aqui faço uma observação. Meça suas portas antes de comprar camas e sofás. Tive mais de uma amiga que não conseguiu enfiar no quarto novo a cama king-size, comprada numa liquidação e que não podia ser devolvida, pensando que era ótimo ela não ser desmontável, para não ter que guerrear com instruções ininteligíveis. A fêmea da espécie não precisa dar nenhuma munição extra à variedade masculina quanto à nossa suposta incapacidade de raciocinar com praticidade. Só porque nossa visão espacial às vezes não chega a ser perfeita não se pode concluir que somos incapazes de sobreviver sem um homem com sua trena métrica (coisa que, aliás, a mulher solteira deve ter, embora os homens temam que tenhamos uma... nem imagino por quê).

Como nosso lar é nosso canto privado, especialmente se não temos que dividi-lo com ninguém, pode ser a maior bagunça, ou o maior tributo ao bom gosto. Você pode convidar seus amigos e amigas e pedir a opinião deles quando for comprar coisas para a casa, mas não tem que prestar nenhuma atenção ao que eles dizem. O importante é sempre a sua identidade privada, não a pública. Se você não tem xícaras suficientes e às vezes acaba usando um jarro no lugar de caneca, como esta humilde escritora fez em algumas ocasiões, quem vai saber e quem se importa?

Levando em conta que você é uma mulher solteira e que sem dúvida fica fora de casa a maior parte dos dias e das noites, o lugar crucial do seu apartamento é o seu quarto, onde passará quase o tempo todo, em geral dormindo. O luxo de não ter que enfrentar guerras pelo edredom e de poder se espalhar numa cama de casal com colchão escolhido por você pode muito bem se tornar uma lembrança deliciosa no futuro, por isso trate essa oportunidade com respeito. Estoure o orçamento e dedique muitas horas à compra da sua cama. É o móvel mais vital que você vai adquirir. A minha é uma peça caríssima e fiquei meio constrangida quando esbarrei numa amiga na hora em que estava comprando. Meu cartão de crédito deu problema porque o preço era muito alto e fiquei apavorada de pensar que ela condenaria a minha extravagância. Ela era famosa por levar uma máquina de calcular para restaurantes e ficar discutindo quem tinha consumido o quê. Mas ela não disse nada sobre minha aquisição e inicialmente atribuí essa mudez ao fato de tê-la flagrado com um short muito esquisito. Mas acabei descobrindo o verdadeiro motivo quando fui à casa dela alguns meses mais tarde: a cama dela era uma versão ainda mais cara da minha. Fique tranquila que o lugar onde descansa a cabeça é um gasto mais do que justificado.

Seu *boudoir* tem que ser um lugar onde você possa dormir, por isso é preferível que seja tranquilo, silencioso, calmo, nas cores, na decoração e nas vibrações. Mas também é um lugar sedutor. Podemos ser solteiras, mas isso não significa que nossa vida sexual é igual à de Maria antes de conhecer o capitão Von Trapp.

É um erro de principiante ir para o apartamento dele antes de chegar ao estágio de levar uma troca de roupa. A revolução sexual já mudou muitas atitudes, mas a calçada da vergonha é exatamente isso para uma mulher: aqueles olhos de panda, cabelo amassado da cama, traje de noite, se arrastando para pegar o metrô de manhã bem cedo ou, pior ainda, no trabalho. Não é nada bom. Já que trajeto similar ainda é considerado o caminho da glória para o macho, se alguém quiser ficar com você, terá que fazer o esforço de ir para sua casa. Por isso você precisa se sentir feliz e segura em seu quarto. O sexo que terá lá vai registrar um ponto bem mais alto na escala Richter.

Falo por experiência própria. Sempre aproveito melhor meu *boudoir* se estou preparada para receber um homem e meu apartamento também. Em geral, quando há um homem na sua cama, é porque você já tinha previsto, sua pele estará lisinha, os produtos embaraçosos, como o creme depilatório, estarão devidamente fora de vista no banheiro e não haverá nenhum sutiã cinza, ou calcinhas da vovó pelo quarto. Mas a vida nem sempre acontece de acordo com os planos e de vez em quando você não terá tempo para pôr seu habitat em ordem.

Nenhum homem que eu conheço jamais se importou com as embalagens de fita adesiva para disfarçar os mamilos e caixas de meia-calça elástica espalhadas pelo chão. A cabeça deles está em outro lugar, completamente diferente. Na segunda vez que levei um certo homem solteiro para meu quarto, ele observou que estava irreconhecível, comparado com o aspecto de praça de guerra da primeira vez. A bagunça não o fez desanimar e ele voltou, mas dessa vez eu tive uma experiência menos inibida, com a pele aveludada e não peluda, e já tinha escondido toda aquela parafernália.

Se você puder pagar uma diarista, não se envergonhe, nem seja uma esnobe ao contrário quanto a ter uma. Duas horas por semana ajudando a manter o seu canto habitável mudarão sua vida. Você é solteira, trabalha muito e nem sempre tem tempo para limpar as maçanetas. Algumas amigas minhas, que trabalham demais mesmo, nunca chegaram a encontrar suas faxineiras, mas eu, que muitas vezes trabalho em casa, sei tudo sobre os traumas causados pela agorafobia (medo de multidões), acrofobia (de altura), amatofobia (de poeira) da minha diarista... Compre sempre presentes de Natal e deixe gorjetas. Como em todas as circunstâncias que envolvem gastar dinheiro, obtenha recomendações pessoais para essas deusas do trabalho doméstico e procure não ser como um conhecido meu, extremamente meticuloso, que dizia "Preciso ir, tenho que arrumar a casa antes da faxineira chegar". É claro que você nunca deve deixar um chiqueiro para sua diarista, mas é bom deixar alguma coisa para elas fazerem.

Carros

Outra despesa grande em sua vida, além da casa, pode estar fora dela, seja um Porsche ou um Punto. Se você tem um, seu carro sem dúvida é seu segundo lar, com quase tanta maquiagem e tantos apetrechos de mulher solteira quanto seu imóvel. Ser solteira é ser livre. Livre para escapar do ninho paterno e materno, e também do seu. Mas se você é uma mulher urbana, com algum dinheiro extra, faça seus cálculos com cuidado para aproveitar ao máximo. Uma conhecida vendeu um veículo que valia cada vez menos e custava cada vez mais para manter e agora, por diversão, aluga carros que jamais poderia comprar quando quer sair da cidade. Ela já apareceu de Ferrari num casamento muito sem graça e com uma Lotus luxuosa numa reunião dos colegas de universidade. Fez todos os machos, especialmente os que tinham berço e estavam reduzidos aos meios de transporte maiores, desmaiar de inveja. Mas se um carro vai lhe dar mais liberdade do que tristezas, e se tem dinheiro para isso, então compre um... mas primeiro certifique-se de ter carteira. Conheço donos de carros que não têm. É sério.

De posse da carteira de motorista, não se preocupe com a falta geral de conhecimento na arena dos motores. Logo vai aprender o que precisa sobre essas coisas de quatro rodas. E na verdade é muito legal não distinguir seus Mercedes dos seus Mini Coopers. Um conhecido meu comprou um Aston Martin DB7 e pagou centenas de milhares de libras por ele. No espaço de vinte e quatro horas, duas mulheres diferentes o cumprimentaram por seu novo Ford Probe. Ele vendeu o Aston logo depois e perdeu muito dinheiro com isso, porque aquele projeto específico de vaidade não tinha proporcionado o efeito James Bond que ele esperava.

Se vai comprar um carro, os passos que tem que dar são exatamente os mesmos de quando lida com alguém de quem precisa dos serviços. Pesquise os melhores lugares para a compra e compare suas descobertas com amigos. Provavelmente será melhor comprar um de segunda mão, mesmo que tenha poucos meses de uso, porque nada desvaloriza tão rápido quanto um carro. E só converse com um revendedor (de preferência de fora da cidade porque costumam oferecer preços melhores), armada de uma lista de conversa com perguntas tiradas da internet, das revistas especializadas e de amigos que entendam de carro. Consulte mais de uma revendedora para poder tomar uma decisão com mais base. Está provado que as mulheres pagam mais pelos carros do que os homens, o que é uma grande injustiça. Portanto, isso quando for comprar, leve seu camarada junto para garantir que não será enrolada. Todas essas regras se aplicam quando estiver na oficina e também quando for vender.

Mais uma vez, esta é sua chance de obter o que quer, dentro do seu orçamento. Não precisa acomodar crianças pequenas que gritam o tempo todo, adolescentes bagunceiros, nem cônjuges corpulentos. Quem disse que um Mini Cooper cor-de-rosa personalizado não é uma escolha racional para a estrada? Você tem todo o resto da vida para ser sensata. Se seu maior sonho for um conversível e se seu gerente do banco der o OK, por que não? É um sinal muito evidente de otimismo do britânico médio o fato de a Grã-Bretanha ter mais conversíveis *per capita* do que qualquer outro país da Europa, apesar do clima ser muito pior do que em tantos países do continente e da taxa de roubo de automóveis também ser bem mais alta. Se quiser espelhos extras com luz para retocar o batom (é melhor não fazer isso quando estiver em movimento, por favor), ou escolher um painel mais bonito, o direito é seu. Você pode ter um navegador por satélite. Não que seja incapaz de ler um mapa, ou não queira perguntar o caminho para as pessoas, como os machos da espécie. É que nem sempre será seguro parar para perguntar. (Pronto, meninos, é isso.)

Mas aparelhos demais podem ser motivo de distração. Conheço uma mulher solteira que comprou um para ajudá-la a estacionar, mas quando ele disparou, indicando que ela estava perto demais do carro de trás, ela achou que era o celular tocando e ignorou. Foi uma trombada bem cara.

É lugar-comum dizer que as mulheres não sabem estacionar e admito que eu e minha amiga que adora aparelhinhos corroboramos isso. Mas minha mãe é a melhor manobrista que conheço (coisa que sempre irritou enormemente meu ex-padrasto). Está provado, e reconhecido pelas seguradoras que jamais fariam qualquer coisa que pusesse em risco seus lucros, que as mulheres são motoristas melhores e mais seguras. Nós avaliamos melhor as coisas. Ponto final.

CAPÍTULO 4

Administração familiar

Todo o mundo é especialista
em famílias... dos outros.

Todos nós somos bastante profundos quando comentamos o que lemos sobre famílias nas revistas *Heat* ou *Hello!*, quando falamos de um astro do cinema com a babá, ou da lista de convidados da família real para a reunião natalina. Damos nossa visão astuta para nossos amigos sobre como devem interagir com os parentes. Mas quando o assunto é a nossa família, quase sempre a história é bem outra.

Há um velho e sábio ditado chinês que diz: "Governe uma família como faria para cozinhar peixes pequenos – suavemente." A sutileza e a sensibilidade de que todos precisamos para administrar o nosso mundo é ainda mais crucial no trato com a família e isso se aplica especialmente às mulheres solteiras.

Para todas as mulheres solteiras que conheço, a família é a pedra de toque de sua própria existência (e tem que ser, pois elas não têm companheiro, nem filho, para assumir esse papel) e é o conjunto mais complexo de relacionamentos com os quais precisa lidar. A família as faz rir... e chorar... com mais intensidade do que qualquer outra pessoa em seu mundo de mulher solteira. Todas as minhas amigas solteiras e eu achamos que é impossível acertar o tempo todo com os parentes, especialmente no século 21, em que o formato de grande parte das famílias está ficando cada vez mais complicado, graças à taxa de divórcios, de quase um em cada dois casamentos.

Valores de parentesco

A mulher solteira enfrenta desafios específicos quando a questão é parentes e agregados. Já que é solteira, algumas gerações mais velhas a consideram uma zona intermediária meio infantilizada. A geração da mulher solteira é uma novidade para a sociedade, que não sabe muito bem como tratá-la, de modo que não há motivo para que nossas famílias saibam como lidar conosco. Existem manuais de como trocar fraldas e como enfrentar adolescentes rebeldes, mas não sobre como lidar com o estilo de vida e de relacionamentos da mulher solteira.

No passado, você se tornava adulta quando se casava e tinha filhos, ou então era uma solteirona e um peso morto. Hoje, as crianças podem perder a inocência mais cedo, mas também costumam estudar e ficar solteiras mais tempo... Então, quando é que viram adultos? A mulher solteira, especificamente, provoca mais angústia ainda, em particular para os pais. Ter uma filha solteira em idade de casar é tradicionalmente uma preocupação para mãe e pai. Lá no fundo da cabeça deles, programada através dos séculos, está a ideia de que tal filha não pode se realizar de maneira alguma, porque ainda está solteira. Enquanto você não enfrentar essa preocupação dos parentes quanto a seu estado civil, talvez seja considerada em termos infantis e por isso receberá muito mais "conselhos" do que os agregados da família com a mesma idade.

Se você for como minhas amigas solteiras, suas relações familiares terão mais semelhanças com os *Simpsons* do que com a *Família Dó Ré Mi* – parentes de sangue sempre se ofendem quando não há intenção nenhuma de ofender ninguém. Uma conhecida solteira chorou rios depois que seu pai, designer gráfico, achou hilário criar um pôster alternativo do filme *Mulher solteira procura*. Ele usou uma foto dela no lugar da atriz principal e trocou o título para *Mulher solteira fracassada*.

No caso, nenhum dos dois estava agindo como adulto.

Na realidade é um rito de passagem entender que, por mais que você envelheça, de certa forma, o mais provável é que não se sinta adulta. Você acaba compreendendo que esse é o preconceito que as gerações mais velhas do seu mundo também devem ter. Ninguém tem, nem pode ter, todas as respostas, e todos os grupos etários enfrentam seus próprios desafios. Os mais velhos descobrem que a saúde vem em primeiro lugar, que mais amigos estão sempre desaparecendo e que, infelizmente, nessa era moderna, seu casamento talvez esteja ruindo.

Para as mulheres solteiras em particular, é muito natural querer a aprovação da família. Você os ama mais do que tudo, por isso a opinião deles importa mais do que as de qualquer outra pessoa. Mas é difícil. A família só quer que você seja feliz. Infelizmente, ninguém é completamente feliz o tempo todo. O melhor que se pode esperar é ser feliz a maior parte do tempo. Seus pais vão se preocupar com sua infelicidade intrínseca, porque é solteira, e a situação se transforma num círculo vicioso, já que o peso da preocupação deles também serve para abatê-la. Chegou a hora de a mulher solteira tirar as tropas da autoestrada M25 e concentrá-las na Roman Road, reta e estreita. Usando uma elegante saia ao estilo Russell Crow, é claro.

Administre as expectativas

O primeiro passo fundamental da boa administração familiar para muitas mulheres solteiras é manobrar com eficiência as expectativas dos pais e parentes. Já sabemos que sair de casa é um salto gigantesco na conquista de um relacionamento adulto com os pais. Mas certifique-se de deixar para trás a pose de menina comportada e boazinha, junto com os pôsteres de bandas masculinas que combinam com o edredom, já que isso não deve servir para nada. Uma amiga solteira sempre limpa a cozinha antes de todos acordarem domingo de manhã, quando vai visitar os pais. Ela nunca ouve um muito obrigado, mas quando o irmão dela fez isso uma vez, ganhou o iPod que tanto desejava. Talvez você descubra que às vezes sua família prefere ser indireta quando tenta responsabilizá-la pelo ônus, mas seus métodos costumam ser tão sutis quanto um trator. O mesmo pai dessa amiga solteira certa vez ligou para perguntar se ela achava que o irmão irresponsável era capaz de fazer um bolo para o aniversário da mãe, uma jogada óbvia para alimentar a culpa de uma mulher que trabalha 24 horas por dia, sete dias por semana, para que ela fizesse o bolo. Então, ela fez, mas se ressentiu do fato de acharem que devia fazer. Se o pai tivesse simplesmente dito que gostaria que ela fizesse o tal bolo, ela teria feito com o maior prazer. Em vez disso, desperdiçaram uma conversa de dez minutos, no meio de um dia de trabalho insano, para lembrar-lhe que o irmão não prestava para nada e que era ela que sempre tinha que catar os pedaços.

Não estou defendendo que ninguém se torne preguiçosa e insensível, apenas que se instaurem algumas fronteiras e limites se seus pais e familiares a deixam péssima. Quanto mais aceitar essas chantagens de culpa da família, mais ficará exposta a elas. Elas nunca servem a ninguém. A mulher solteira acaba com a sensação de que merece ser relegada à casa do cachorro, enquanto os pais se convencem de que são tão negligenciados que estão a uma patada do canil Battersea Dogs

Home. Famílias não são só para o Natal (graças a Deus), são para a vida toda.

Por isso, para ser uma mulher solteira e feliz, você tem que reconhecer que nunca satisfará sua família por completo, menos ainda seus pais. Você nunca fará o bastante para eles. Muitas amigas minhas veem, às vezes, contradições nos pais. Quando têm sucesso na carreira, é porque estão trabalhando demais. Quando não são bem-sucedidas, viram uma decepção. Como não têm namorado, existe o medo, que só às vezes é articulado, mas é sempre insinuado, de estarem encalhadas, que vão deixar para muito tarde e que podem nunca ter filhos – não importa se elas realmente não querem ter filhos. E é claro que sempre que elas têm namorado, há algo de errado com ele.

Depois de encarar o fato de que é impossível satisfazê-los por completo, fica bem mais fácil suportar a vida e o complexo de culpa familiar. Se esta é a sua história, você tem que reconhecer que precisa dar um passo para trás e fazer a interação com sua família funcionar melhor para você, e também para eles, embora eles nem sempre entendam ou gostem disso naquele momento.

Como foi dito antes, ser indireta em áreas como o mundo do trabalho pode resultar em benefícios, mas não é esse o caso com seus familiares. Já que é solteira, podem considerá-la mais à disposição do que qualquer outra irmã casada ou parente não confiável (macho). Talvez você precise treinar seus familiares para que peçam o que querem, ignorando qualquer pedido velado e se recusando a agir até que eles se expressem claramente. Sua família pode pensar melhor e ver se é realmente razoável que você cumpra a tarefa, ou se outra pessoa deveria carregar o peso. Isso pode reduzir bastante sua carga de filha a um nível mais justo. E, melhor, você saberá exatamente que tipo de ajuda eles querem. Uma mulher solteira que eu conheço interpretou mal a avó que acabara de levar um tombo, porque entendeu errado o que ela queria que fizessem enquanto se restabelecia. As duas nunca tiveram um relacionamento transparente. Tudo era escondido e isso provocou sérios problemas depois, porque a avó preferia ficar na casa dela enquanto se recuperava assistindo a *Countdown* em paz, em vez de ir para a casa da prima e ficar discutindo as respostas do programa. Essas viagens emocionais de culpa não a ajudam, nem a eles, apenas alimentam ressentimentos nada saudáveis. Não há necessidade de ninguém bancar o mártir. Uma família que na superfície aparenta ser cheia de santarrões só tem condutas diabólicas espreitando por baixo.

Amigas minhas descobriram que se convencerem os pais e familiares a não esperarem demais, eles não ficarão tão decepcionados e suas realizações serão surpresas agradáveis e valorizadas. Conheço uma mulher que saiu de Cambridge com as melhores notas, experimentou trabalhar numa das maiores agências de propaganda e largou tudo para fazer paisagismo. Os pais, montanhistas sociais (estão avançados demais para serem chamados de alpinistas), não entenderam nada. O que a filha ambiciosa, da qual costumavam se vangloriar com todos os amigos, estava fazendo? Chegou a um ponto em que os pais tentaram obrigar a filha a fazer terapia. Mas acontece que ela gosta de jardinagem e está bem mais feliz do que muitos "profissionais".

Muitos membros da família não conseguem expressar que têm orgulho de você, mas lá no fundo é o que sentem, sem dúvida. Os pais da paisagista acabaram vendo que ela encontrara o caminho certo e desde então o meio ambiente tornou-se a causa da moda. Eles a acompanham em todos os eventos para angariar fundos para projetos de centros comunitários para a África, Ásia e Aylesbury.

Voltando ao problema de estabelecer limites, há o exemplo eminentemente pertinente de uma amiga e confidente. Essa mulher solteira passou tanto tempo tentando agradar aos pais – tarefa bem fácil, como comer um sonho coberto de açúcar sem lamber os lábios – e eles a perturbaram e enlouqueceram tanto que ela teve que fazer terapia. A terapeuta fez com que ela entendesse que precisava parar de ser tão afetada pelo programa de vida deles, e os pais, por sua vez, compreenderam que tinham que deixar a filha querida cuidar da própria vida, com recursos próprios. Depois disso ela arrumou o emprego, o corpo (mente saudável... e peso também) e o apartamento que queria e sua vida voltou ao normal – o que todos queriam.

Você só terá paz se assumir o comando de sua vida de mulher solteira e encorajar seus familiares a largar mão da tarefa, se ainda considerarem que lhes cabe fazer isso. Alguns membros mais velhos da família podem se revoltar com esse conceito; afinal de contas, eles limpavam seu bumbum (ou alguém com quem casaram, ou a quem pagavam, ou as duas coisas, fazia isso para eles). Mas também precisam entender, para a sanidade mental de todos.

É claro que é importante ouvir o que sua família tem a dizer, mas é igualmente importante saber que você não precisa mais aceitar tudo o que eles dizem, e que terá que descobrir um modo de lhes explicar isso.

Uma amiga solteira tinha uma irmã mais velha casada que era especialmente estridente quando dava opinião sobre a carreira que a irmã devia seguir: atriz ou contadora. Minha amiga primeiro se aborreceu com a interferência, depois deu um passo para trás, viu melhor a situação, a preocupação da irmã, e concluiu o que devia fazer para acabar com os ataques. Lembrou à irmã mais velha, e supostamente mais sábia, do tempo em que ela se mudara para Amsterdã para administrar um café, para o desespero muito articulado da família. Como ela fora em frente e se casara com um banqueiro holandês que conhecera enquanto servia bolo. A irmã mais velha, agora Sra. Formalidade, que vivia entrincheirada numa casa do tipo do seriado *Vigária de Dibley*, foi obrigada a morder a língua.

Melhor do que qualquer outra pessoa no mundo, os familiares da sua geração vão entender de onde você vem e para onde vai – eu estaria perdida sem a rocha que é meu irmão – e devem ser seus aliados. Por isso faça deles realmente seus aliados. Tenho visto amigas enroladas em crises de ciúmes com irmãos e irmãs, levadas ao erro por serem mais bonitas, ou terem contas mais gordas no banco.

Uma mulher solteira que conheço nunca superou o fato de que o irmão ficará com a empresa e com o apartamento em cima da loja quando o pai deles se aposentar. Fica arrasada de tanta amargura, apesar de se tratar de uma oficina mecânica e, como atesta a seguradora do carro, ela não saiba a diferença entre marcha a ré e primeira. Tudo indica que é o princípio da coisa.

As mulheres solteiras que fizeram as pazes com elas mesmas são as que aceitaram que não é culpa dos irmãos e irmãs se os pais despenderam mais tempo, ou dinheiro, com eles e se dão bem com todos – se bem que hoje em dia isso significa muito mais sair para noitadas do que jogar monopólio. É difícil suportar ressentimentos, que podem causar testas franzidas que só serão corrigidas por cirurgias cosméticas caríssimas, pagas com um dinheiro que poderia ser mais bem empregado na compra de sapatos.

Você é dona do seu nariz. Seguir todos os conselhos de sua família pode não fazê-la mais feliz. Mas lembrar de alguns de vez em quando pode. Esse momento em sua vida de mulher solteira é quando você ganha força para florescer. Você é uma mulher em plenitude, então curta isso. Algumas decisões que toma na vida podem não ser muito retas, mas também a própria vida é tão fácil quanto caminhar em linha reta com Louboutins maiores que seus pés.

É espantoso como os parentes podem ser especialistas em todos os aspectos de sua vida se você deixar. Às vezes, eles até ajudam, dando sugestões sobre sua carreira profissional, mas em outras ocasiões não entendem nada. Dois dos meus não entenderam quando desisti de *Love Island*, da ITV1, para escrever este livro. Só posso esperar que a minha decisão tenha sido acertada no final das contas!

É claro que em certas ocasiões eles estavam absolutamente certos sobre o caminho que eu devia seguir. Nunca é sensato considerar as ideias de alguém um evangelho, seja um amigo, um inimigo ou um parente. No frigir dos ovos, a decisão tem que ser sua, já que só você terá que viver com ela.

Encontros de família

Visitas ou encontros na vida real precisam acontecer com regularidade, mas não virar rotina, para que os familiares não fiquem em estado apoplético se você mudar de planos porque surgiu alguma coisa mais importante no seu mundo de mulher solteira.

Eles precisam saber que mesmo sem ter um companheiro e/ou um filho, você ainda tem responsabilidades – e uma das suas responsabilidades é ajudá-los a entender isso. As gerações mais velhas da sua família não estarão aí para sempre e você os ama desesperadamente, mas se eles a deixam desesperada, isso é um problema, portanto tome providências para evitá-lo.

Minhas amigas solteiras aprenderam a arte de retroceder. Por exemplo, elas dizem que vão visitá-los, e os parentes reclamam que o tempo é curto. Então, elas dizem que infelizmente não vão poder ir de jeito nenhum e a família acaba aceitando a oferta inicial. Se as famílias estão sendo completamente irracionais, elas às vezes inventam uma doença e nem aparecem.

Alguns parentes encaram a vida como uma competição e falam de homens, carreiras e peso, comparando-a com eles, elas e seus contemporâneos, sejam eles da família, ou grande realizadores que a mídia ajudou a promover.

Uma amiga solteira, ex-anoréxica, leu na carta de Natal da mãe que ela avisava com muita satisfação que depois de 30 anos de casamento ainda era mais magra do que as duas filhas de vinte e poucos anos. Esse tipo de carta devia ser abolido. São como resoluções de Ano-Novo que criam pressão desnecessária para alguma conquista... – embora isso deixasse minha mãe e eu privadas de nosso ritual anual de compartilhar uma garrafa de vinho, chorando de tanto rir com as anedotas autolaudatórias dos adeptos da motivação como CathCart e Worthington-Smith (que se pronuncia Smythe, caso você não saiba).

Se acha que seus pais a estão desprezando dessa forma injusta e nada refinada, pense um pouco por que a estão atacando desse jeito. Vai descobrir que é muito mais pela incompetência deles do que da sua. A sra. Carta de Natal era uma dona de casa desesperada, histérica porque ia completar cinquenta anos, obcecada com a ideia da meia-idade e do que isso significava em termos de peso. Essas críticas, bem-intencionadas ou não, não deviam deixá-la deprimida, no fundo do poço. Por essa e por outras, é muito importante que você se entenda com seu lindo corpo.

De vez em quando, você pode ser vítima de uma ofensiva ocasional, mas bem-intencionada, de sua família. Se estiver a caminho de uma reunião marcada e achar que corre o risco de ser alvo desse tipo de fogo amigo, leve uma lista de conversa com respostas prontas sobre sua carreira, homens e ausência de netos. A lista de conversa pode nem ser necessária, mas é preciosa se seus pais souberem escolher o momento certo.

Tenho uma amiga alemã cujo relacionamento com os pais é perfeitamente racional até todos eles entrarem num carro. Enquanto ela se espreme no banco de trás com dois meios-irmãos pequenos e dois cães enormes, sua super bem-sucedida e solícita madrasta assume o controle da direção e da conversa.

Sem uma lista de conversa, minha amiga sempre se arrebenta, retorna à impotência da pré-puberdade, enquanto o pai vai sentado na frente, emitindo barulhinhos de apoio à mulher. Enquanto os filhotes não saírem dos trilhos e tirarem a pressão de cima dela, a lista de conversa é a única maneira de a minha amiga ter alguma chance de tomar o papel de regente da madrasta e orquestrar uma conversa que mantenha suas crises a distância.

Discussões acaloradas pela paixão do sangue do meu sangue raramente fazem bem a alguém, então, é melhor evitá-las antes que comecem. Conduzir uma reunião familiar para a doçura e para a luz é uma tática que todas as mulheres solteiras precisam dominar. Há alguns tópicos gerais na lista de conversa que devem fazer com que todos tenham boa convivência.

Para começar, atualize-se sobre as "notícias", também chamadas de fofocas, e pergunte deles, dos amigos deles e dos parentes. Apesar de negarem, familiares adoram "notícias". A tia de uma amiga se amarra em "más notícias". Talvez você nem conheça o primo em segundo grau de quem estão falando, mas finja que conhece e alimente aquela distração. Saúde é outro assunto excepcionalmente seguro – eles conseguem falar horas sobre a deles e a de outras pessoas.

Essas manobras digressivas acabarão depois de um tempo, por isso quando o assunto for você, talvez tenha que editar sua contribuição para manter tudo num tom positivo. Em sua carreira nunca existe crise, mesmo que tenha sido demitida. É uma coisa boa, apenas mudança de cargo. É bom ficar com um pé atrás se for lhes contar que você tem alguma distração do tipo masculino. Os familiares podem se adiantar um pouco e começar a comprar chapéus ou a escrever discursos de casamento. E também se encarregam de pesquisar mais.

Uma amiga solteira estava dormindo com um chef que trabalhava num restaurante perto da casa de seus pais. O pai, que se considera muito esperto, foi jantar no restaurante e fez cumprimentos tão misteriosos ao chef que ele saiu da cozinha para conversar com o cliente. Era o chef errado. Mas o pai dela só descobriu depois de quase ter um enfarte ao ver a quantidade de tatuagens do rapaz.

Por mais satisfeita que você esteja, o problema fundamental da parenta solteira aos olhos de muitos familiares é sua solteirice. Por isso eles às vezes procuram ajudar e o nível dos desastres varia. O problema é que se fazem parte da geração descolada dos anos 1960 e 1970, pensam que têm alguma sintonia com você.

A mãe de uma conhecida de 21 anos, a fez sentar-se e lhe disse que algumas mulheres dão boas esposas, outras boas amantes, perguntando-lhe se ela já tinha resolvido qual ia ser. Aparentemente, ela achava que não se podia ser as duas coisas. Por sinal, a mãe havia optado pela versão amante, com as complicações a isso associadas, de ter três filhos com três homens diferentes, de três continentes diferentes (é aqui que a semelhança com Madonna acaba).

Outra, o tempo todo que conversa com a filha, fica especulando sobre quem deve ser seu marido, chegando ao cúmulo de consultar todos os anos, o Livrinho Preto de Tatler com os bons partidos solteiros, de marcador na mão. Sua filha tem 23 anos, não está nem um pouco encalhada e tem uma carreira promissora em um banco comercial.

Parentes gostam de bancar o cupido. Isso costuma ser inútil, mas não descarte completamente a ideia se resolver que talvez goste de um objeto para brincar. O amor da minha vida (até agora) resultou de meus pais terem me posto sentada ao lado de um cavalheiro num jantar. Nunca espere nada desses programas casamenteiros, mas seus amigos e sua família a conhecem e às vezes até acertam. Nem sempre, é claro.

Uma das minhas verdadeiras amigas em Nova York foi a um encontro às escuras, armado pelos pais dela e os dele, com um homem que ela percebeu logo de cara que era gay. Os dois se tornaram os melhores amigos e ela ficou a seu lado quando ele finalmente criou coragem para sair do armário e contar à família.

Algumas mulheres solteiras que conheço são acusadas de serem exigentes demais pelos pais e parentes, mas nem tanto quanto eles seriam se elas levassem para casa um rejeitado obeso com QI de 22. Uma das minhas colegas realmente apareceu com um espécime desses quando os pais exageraram no assunto namorado. Desde então, os dois não perguntaram mais nada sobre sua vida amorosa e aprenderam que informação é racionada feito prêmio por bom comportamento. Quanto mais eles se metem, menos recebem, mas quanto menos interferem, mais ela é capaz de resolver lhes contar.

Para finalizar, você vai ter que enfrentar a troca de papéis e chegará uma hora em que terá que provocar problemas constrangedores com as gerações mais velhas. Às vezes, isso se manifesta como conselho.

Uma advogada solteira impediu que o pai mão-fechada ingressasse em seu quarto casamento sem fazer um acordo pré-nupcial, o que representou para ela uma economia considerável.

Em outras ocasiões, será sua vez de assumir o papel de cuidar deles. Faça isso com carinho. Jovens alpinistas que dizem a um membro da família "você tem que parar de dirigir, você é um perigo para a sociedade" representam um golpe violento. A essa altura, você pode usar o parente mais velho e meio esclerosado de seu amigo imaginário Bunbury como uma boa forma de abordar o problema, dizendo que ele ou ela quase atropelou uma criança pequena, e então pedir o conselho desse membro da família em questão para saber o que Bunbury deve fazer para impedir que o parente descuidado continue a dirigir. Minhas amigas informam que essa tática muitas vezes as ajuda a entenderem, voluntariamente, que devem se mancar e aplicar o conselho no próprio caso.

Tarefas

Criticar a família deve ser seu último recurso, já que a última coisa que você vai querer é fazer qualquer um deles se sentir mal. É importante saber que eles apenas gostam de se sentir úteis. Às vezes se comportam mal porque temem ser descartáveis.

A mulher solteira não gerou filhos para serem paparicados, mas elas têm outras maneiras de fazer com que os familiares se sintam queridos.

Dê tarefas a seus parentes: escolha coisas que eles queiram fazer, e você não, ou que não possa fazer mas que precisa que seja feito. Entre essas coisas estão costurar, faça-você-mesmo, conselhos sobre o carro e cuidar de você no caso de uma doença. Dê um propósito à família e mesmo que eles mencionem suas limitações por não ser capaz de executar aquela tarefa, farão o trabalho por você.

Tive que me submeter a uma cirurgia de olhos a laser no hospital e precisei chamar meus pais para cuidarem de mim depois. (Houve até uma disputa para ver quem ia ficar comigo... os pais podem ser maravilhosos!) Quem eu escolhi? Minha mãe, já que as mães são melhores até do que os namorados (se você já teve que encarar seu namorado personificando uma enfermeira, vai saber do que estou falando), e ela vibrou com o fato de ser necessária. O que podia ser planejado em minutos, me pegar no hospital e levar para casa, ela ficou semanas arquitetando. Fui levada rapidamente para meu apartamento, ganhei um lindo buquê de flores, ela pingou colírio, me botou na cama e passou semanas ligando para saber como eu estava. Eu me senti muito amada. E acho que ela também.

Quando sou descartada, a primeira pessoa que procuro é meu pai. Ele me leva imediatamente para jantar, só nós dois, me olha com adoração do outro lado da mesa (fazendo com que uns caras meio doentios, que não têm nada para fazer, fiquem especulando que meu pai tem uma nova "loura misteriosa" na vida dele – talvez eu esteja gastando demais com a coloração do cabelo ultimamente), sem compreender como qualquer homem poderia não me amar. Não há nada igual à adoração de um pai nesse ponto baixo da vida de uma mulher solteira – nenhum homem me amará tanto nem me achará tão bonita quanto meu pai.

Se mantiver bem ativo o relacionamento com sua família, vocês poderão curtir uns aos outros. Pegue coisas emprestadas com eles. Os avós têm pilhas de coisas úteis guardadas, como malas com rodinhas de todos os tamanhos imagináveis – bagagem que você certamente vai querer que lhe deem.

Se houver um membro da família que, por algum motivo, se sinta sozinho, programe coisas divertidas para fazer com ele e ao mesmo tempo estimule-o a criar uma rede de apoio com os amigos dele. Esse papel você não pode desempenhar no lugar dele, você é parente, não a melhor amiga.

A mãe de uma amiga solteira foi abandonada pelo padrasto. Primeiro, ela providenciou para que todos tivessem um acordo justo, utilizando o menor número possível de advogados e sua tendência desagradável de provocar hemorragias nas contas dos clientes. Depois minha amiga tratou de ensinar à mãe as manhas da mulher solteira. Evitou encontrar a mãe em casa por quase dois anos. Em vez disso, ajudou a mulher mais velha a recuperar a autoconfiança, atraindo-a para fora de casa, para lugares cada vez mais charmosos, de modo que ela sentisse vontade de sair e de se arrumar. Quando saíam juntas nos feriados, era para se produzirem em spas. Esse esforço amoroso funcionou. Agora, a aluna bem mais feliz gasta mais do que a professora em sapatos e tem uma vida social animadíssima. Mãe e filha chegaram até a se encontrar recentemente numa boate e foram paqueradas pelo mesmo grupo de homens de 25 anos. Mamãe até teve um caso picante com um deles.

Vocês se amam e seria uma perda de partir o coração se passassem a se evitar por tanto tempo e acabassem, por fim, se arrependendo. Com um pouco de organização, o relacionamento saudável e feliz com todos os membros da família pode ser seu. Mas sua paciência e técnicas administrativas jamais serão mais postas à prova do que naquele vestibular anual. A temporada das Festas que, para muita gente, é tudo menos uma festa.

Seção de sobrevivência à época das festas

Em janeiro, mais gente acaba fazendo terapia de casal ou nos escritórios de advogados de família do que em qualquer outra época do ano. E há um bom motivo para isso. Seja Natal ou Hanukkah (ou até o Chrismukkah de Seth, no seriado *OC*, uma mistura dos dois), seguido pelo Ano-Novo, para algumas famílias essa experiência pode ser um enorme desafio. Os seres humanos são almas espírito de porco, e se é obrigatório se divertir, nós nunca nos divertimos. Além disso, temos que passar um tempo com pessoas que normalmente não procuramos. Se você adora as festas de final do ano, ótimo, pule esse capítulo. Mas a maioria das pessoas tem trauma dessas reuniões de família, especialmente as mulheres solteiras que se espremem em camas de solteiro e são vistas com compaixão, por não terem contribuído para esses encontros com pestinhas exaustas e malcriadas, que dão dor de cabeça em todo o mundo.

Vamos começar com uma ideia alegre, mesmo que você tenha sido posta numa cama de um metro e meio por sessenta centímetros. Você não tem nenhum parente por afinidade, por isso não está multiplicando a necessária administração da família. Pelo que sei, uma sogra pode ser o pior dos pesadelos.

Para a mulher solteira, o problema do Natal é que tudo gira em torno da família e dos filhos. A família que ela tem deve estar aguentando os acessos de raiva das criancinhas, enquanto ela não tem aquelas coisinhas insignificantes exigindo que a mamãe participe da animação do Papai Noel que bebeu todo o uísque que deixaram para ele, embora, seja a rena Rudolph que pareça desbundada. Para piorar a situação, a mulher solteira chegou àquele estágio da vida em que os familiares tiveram pelo menos duas décadas para alimentar essa obsessão por tradição, que é capaz de atingir proporções assustadoras.

Existe uma rotina à qual todos devem aderir e que, se for interrompida, a ofensa é geral. Conheço um pai que fica de péssimo humor se todo mundo não acordar às sete e meia da manhã, não chegar à igreja às oito e meia e não estiver diante da rainha às três da tarde. E que Deus nos livre se alguém abrir um presente antes do almoço. É claro que não é ele quem faz os embrulhos ou compra os presentes, mas faz um teatro e usa todas as panelas da cozinha para fazer o molho, enquanto todos em volta chegam ao ponto de fervura com aquele comportamento rígido.

Viva um pouco. Tem tanta importância assim se abrirem todos os presentes antes do café da manhã ou se usarem um cubo de caldo de galinha para fazer o molho? Não, então reaja. Assim que chegar à idade adulta, comece a sugerir a quebra das tradições. Da ceia de Natal num restaurante até passar a época do Natal fora do país.

A maior quebra de tradição é disparado a melhor opção para a mulher solteira – por que não deixar todo mundo embasbacado e simplesmente não aparecer? Suas botas de salto agulha foram feitas para andar (bem, para dar passos bem curtos pelo menos até o táxi mais próximo) e serão desperdiçadas na companhia de pessoas que tentam forçá-la a comer crucíferas. Por que você tem que passar o Natal morrendo de frio numa casa lotada ao lado de almas mal-humoradas, tendo apenas a chuva gelada lá fora como rota de fuga? Um dos benefícios de ser solteira é ser capaz de raciocinar fora da caixa. Passar o Natal com amigos, a família que escolhemos, está se transformando num marco importante da idade adulta. Você adora sua família, faz um esforço para passar um tempo de qualidade com eles o resto do ano, mas o Natal é o único momento em que quase todos param de trabalhar, então você tem que aproveitar essa folga.

Tenho uma amiga que dirige a própria agência de publicidade e as únicas férias que tem são no Natal. Sua mãe foi treinada para passar o Natal sem ela e para curtir ao máximo os spas com a filha nos fins de semana do resto do ano.

Minha melhor amiga, de 25 anos, e eu tivemos um ano muito puxado que culminou com as duas sendo largadas por homens que realmente amávamos. Nenhuma de nós seria capaz de encarar o Natal vendo parentes mais jovens namorando escandalosamente. Em vez disso, para nos recuperarmos, fugimos para uma cabana em Norfolk, num lugar tão remoto que não tinha comunicação por celular em ponto nenhum, a não ser no alto de uma duna de areia, na qual nos equilibramos precariamente para ligar para casa no dia do Natal. Nunca vou me esquecer como saltitamos pela praia depois de assistirmos a *Curtindo a vida adoidado* e nos banqueteamos com salmão (para mim) e bife (para ela), vendo aquelas famílias emburradas saindo para respirar ar puro. Voltamos revigoradas, renovadas, descansadas e nossa inesperada presença nos natais de família desde então tem sido bem mais valorizada.

Você pode até resolver passar o Natal sozinha. Já que é solteira, pode sair bem mais do que as comprometidas. Minhas amigas solteiras e eu muitas vezes saímos todos os dias da semana, parte a trabalho, parte por diversão. Em dezembro, as excursões se tornam mais intensas para as solteiras, de modo que, quando chega o dia santo propriamente dito, você quer simplesmente parar de falar.

Uma amiga solteira não tem escolha. Ela sempre exagera nas semanas que antecedem o Natal, de modo que quando chega o dia está completamente sem voz e em geral cai de cama com bronquite praticamente a temporada toda. O Natal é um acontecimento para pessoas que não saem tanto quanto a mulher solteira média.

Mas se você decidir não convidar ninguém, po**a, para o seu 25 de dezembro, vai ter que ser muito determinada – não, obstinada mesmo – para conseguir fazer isso impunemente (talvez até tenha que inventar para todo o mundo que vai passar o Natal com Bunbury).

Uma alternativa é o que fazem algumas amigas, que trabalham para obras de caridade no Natal. Ninguém deve se portar tão mal a ponto de reclamar da ausência delas se o motivo é esse, mas se o fizerem, podem ser postos em seu devido lugar, com firmeza e rapidamente.

Parte do problema em fugir do Natal é que os parentes podem interpretar como um sinal de que não são valorizados. Mas são. Avise com bastante antecedência, depois fique firme. Você não está destruindo a união da família. Aliás, sugira que todos façam o mesmo e viajem no feriado. Mesmo a contragosto, eles podem até agradecer quando chegar janeiro. Ignore comentários lamentando sua ausência (e agora, quem vai desembaraçar as luzinhas da árvore?). Em vez disso, rebata qualquer lamentação com uma observação alegre. "É tão maravilhoso você ser compreensivo com a minha ausência, bem diferente da família do Bunbury... Faz muita diferença termos um relacionamento tão maduro etc. etc..."

Programe estar com sua família em outra data em janeiro, quando não haverá ninguém, nem nada para fazer, e quando os destruidores do clima (álcool e cafeína) não prevalecem tanto. E mande presentes realmente muito bons para eles.

Claro que os presentes são outro campo minado, especialmente para a mulher solteira que não consegue participar de amigo oculto e por isso não divide nem os custos e o trabalho. Não é por acaso que Santa, o nome do Papai Noel em inglês, é um anagrama para Satan. A lendária briga de Van Gogh com o companheiro pintor Gauguin, em que o primeiro cortou a própria orelha e deu a uma amiga, aconteceu no Natal. Pelo menos seus presentes indesejados nunca são tão ruins assim.

Mas há algumas compensações para a mulher solteira no Natal, já que no mínimo você não terá que dividir presentes com um companheiro, ou com a família toda, mesmo se só receber um cesto com delícias gastronômicas, como licor de cereja e maionese de gorgonzola. Mas para garantir o benefício de receber presentes só seus, faça listas e troque essas listas com os parentes. Mantenha até um livro de Natal para anotar todos os anos o que deu a cada um deles, de modo que não haja nunca alguma repetição (involuntária).

A internet é sua amiga (em novembro, não em dezembro quando as entregas costumam atrasar e você chega sem presente, em geral para os pequeninos, que então começam a chorar). Use-a. A maioria das minhas amigas solteiras faz oitenta por cento das compras pela internet. Isso requer o mínimo de esforço e o máximo de consumo de chá. Elas também passaram a dar presentes melhores e a gastar menos, calmamente sentadas, pensando no que comprar em vez de se enfurecerem no meio das multidões, fazendo escolhas precipitadas e extravagantes.

Limite sua lista de presentes pessoal a coisas úteis que os familiares sabem como comprar, como panelas e malas, o que também não pode ser usado como munição contra seu estilo de vida de mulher solteira. Pedidos de vales da melhor sex shop, mesmo que alguém atenda, sem dúvida serão alvo de comentários maliciosos enquanto o peru (a carne mais sem graça que existe) terá que voltar para o forno por mais três horas porque ainda está cru como o humor de todo mundo. Nunca é demais ser bem específica.

Uma amiga minha pediu um guarda-chuva preto e pequeno, com desenhos interessantes. Ela ainda tem o guarda-chuva, mas prefere dar uma de senhorita camiseta molhada na frente de uma obra a usar aquela coisa horrível.

Quando receber presentes, nunca espere demais e procure desenvolver uma pele grossa para se defender de qualquer ataque de desprezo pelas mulheres solteiras. Uma mulher que eu conheço recebeu por três anos seguidos esses únicos presentes da mãe frugal: uma calça de lã cor de burro quando foge, um segurador de livros de plástico cor de laranja e depois, quando a filha foi abandonada pelo companheiro de longa data, um bule de chá tão minúsculo que mal dava para encher uma xícara pequena.

Para as mulheres solteiras que relutam, mas se sentem obrigadas a comparecer ao Natal da família, adquiram mentalidade de trincheira e não esqueçam que só precisam fazer isso uma vez por ano. Minha defesa de mulher solteira foi formada por expoentes de estratégias de sobrevivência, tanto do distanciamento divertido quanto do prazer perverso com qualquer coisa horrorosa que possa surgir. Se está realmente preocupada com o que vai acontecer, reduza bastante o tempo que for passar com a família, chegando tarde e saindo cedo. Se possível, vá no seu carro, para ter uma rota de fuga. Convide pessoas de fora para a reunião – quanto mais, melhor. Elas podem ser valiosíssimas porque tendem a funcionar como para-choques e fazem com que todos se comportem melhor, sem regredir aos estereótipos da infância. Mas cuidado com quem você convida. Uma amiga que, no seu aniversário de trinta anos (que cai no Natal), finalmente convenceu a família a romper a tradição e passar as festas no Marrocos, levou uma colega junto, conhecida da família desde os onze anos de idade. A amiga resolveu levar para a cama o irmãozinho mais novo da anfitriã e os dois passaram a viagem toda de mãos dadas, fazendo sexo escandaloso, que não deixava ninguém dormir.

É prudente você preparar uma longa lista de conversa para todo o tempo das festas e comprar bons presentes. Sou a rainha das meias de Natal e providencio para que todas as mulheres da família recebam as mais fabulosas (por algum motivo os homens são incapazes de adquirir óleos para banho ou banhos de espuma). Para amenizar as coisas, mantenha seu nível etílico (e o das outras pessoas) transbordante, e você vai poder bloquear qualquer coisa que não queira ouvir. Se quiser reduzir o tempo das conversas, encarregue-se de servir os canapés e sugira excursões, mesmo que sejam só até a loja da cidadezinha. Não seja competitiva e deixe que os outros ganhem nos jogos de tabuleiro, se for capaz. Pelas mensagens de texto de suas amigas, você saberá (a menos que elas tenham viajado) que ninguém está se divertindo mais do que você.

Vá para casa, escreva seus cartões de agradecimento e use o crédito restante do cartão para reservar sua viagem para bem longe disso tudo no próximo ano. A família costuma ser administrável e seu relacionamento com eles pode ser bom, mas Natal é prova para especialista.

Agora vamos à família que você escolhe. Seus amigos e amigas.

CAPÍTULO 5

Administração dos amigos

Amigos movem o mundo. São parte essencial de uma vida equilibrada, especialmente para as solteiras.

Eles são a família que você escolhe, seus camaradas quando quer se divertir, sua rede de apoio quando está por baixo, seus ajudantes do faça-você-mesmo que também empunham suas ferramentas virtuais sempre que você precisa de conserto.

Os amigos estão sempre por perto quando você precisa. Pode até ser um clichê norte-americano, mas é por isso que Jennifer Aniston está zilionária. Perdi a conta do número de casais que conheço que levam vidas insulares e acabam implodidos. Só para descobrir que precisam refazer a rede dos amigos que negligenciaram, exatamente no momento em que mais precisam deles.

Você é solteira, tem tempo para dar atenção a seus amigos e amigas. E também não está indo para a cama com eles – se estiver é porque limites foram ultrapassados, definições modificadas e isso é assunto para os próximos capítulos –, portanto, diferente dos amantes, que muitas vezes podem ser a causa dos problemas, eles não vão abandoná-la na hora do aperto.

Uma confidente leal ficará a seu lado quando patrões, médicos, homens e parentes a estiverem empurrando para o precipício. Às vezes a ajuda dos amigos nas horas mais inesperadas é incomparável.

Uma mulher solteira se viu operando milagres – no estilo de alimentar muitas bocas a mais – no aniversário de trinta anos de casamento dos pais na abertura de um pub. Por conta de um mal-entendido quanto aos números, ela achou que a avó, com seu sotaque irlandês, havia dito que tinham convidado quatro ou cinco amigos da família e mais o clã, nas proporções irlandesas tradicionais, e não os 45 conhecidos além dos parentes na lista de convidados. O truque da multiplicação dos pães e peixes foi prejudicado pelos irmãos e primos da mulher solteira que, em vez de acompanhar a frugalidade da família conforme fora pedido, resolveram encher os pratos de comida até o teto. Corria-se o sério risco de acabar o coquetel de salsicha, mas a melhor amiga da mulher solteira desde o nascimento (portanto, sempre convidada) salvou a situação e até saiu correndo pela Riverdance para fazer compras no supermercado Sainsbury. Os amigos e amigas são bem-sucedidos no apoio que dão porque estão bem sintonizados com você. Sua atenção e consciência estão sempre mais antenadas do que as dos familiares. Neste exemplo, a melhor amiga da mulher solteira percebeu que ela estava estressada, prestou atenção e viu de que modo podia ajudar, agindo de acordo.

É claro que há tipos diferentes de amigos, com diversos graus de proximidade e intimidade. Para a mulher solteira, é imprescindível ter em seu mundo pessoas com as quais não tenha que pisar em ovos, para quem se pode falar qualquer coisa, que jamais vão julgá-la mesmo quando você está sendo perversa, ou irracional, porque a amizade é para valer.

Por definição, não pode haver muitos amigos livres do pisar em ovos. O grau de intensidade do relacionamento é alto demais para se manter com um grande número de pessoas. Haverá outros e outras cuja própria insegurança fará com que você tenha que pensar mais quando estiver com eles, e também as novas amizades, que estão apenas começando. Mas amizade é algo que não deve exigir um tempo que você não tenha prazer em dedicar e, se for de má vontade, é preciso reavaliar o envolvimento dessas pessoas com seu mundo. Amizades devem ser voluntárias, não compulsórias, e é por isso que são maravilhosas.

Para aproveitar ao máximo sua vida de mulher solteira e garantir que seja bem temperada, é essencial ter uma variedade bem grande em sua lista de amigos. Vamos agora nos concentrar nisso, antes de passar para como adquiri-los e mantê-los.

O alicerce de seu mundo de mulher solteira será formado por suas verdadeiras amigas. Para essas mulheres maravilhosas, você pode dizer o indizível; elas sabem que você é adorável, e se estiver tendo um ataque de nervos, elas concordam e se unem a você, ou então a trazem de volta para o caminho certo e sensato. Com essas mulheres você pode sair para beber e ficar tranquila em saber que, por mais que beba, as cantadas não vão dar em nada. Além disso, as amigas verdadeiras, diferentes de sua contrapartida menos confiável – as mulheres que não querem necessariamente o seu bem, que pensam mais nos próprios interesses – devem aderir fielmente ao "código de comportamento das mulheres", que inclui, especificamente, não ir para a cama com os ex das outras, nem ficar de amizade com eles quando devem ser banidos de qualquer convivência.

Algumas de suas amigas verdadeiras podem mudar ao longo da vida, mas haverá, sem dúvida, aquelas que a acompanharão a vida inteira, aquelas sem as quais você se sentiria perdida. Provavelmente, haverá uma em particular, sua melhor amiga.

Conheço minha melhor amiga desde os onze anos e ela me conhece melhor do que eu mesma. Ela tem um emprego de gente grande, comparado às minhas atividades voláteis, por isso leva uma vida completamente diferente da minha e raramente nos vemos. Mas nossa visão é a mesma, nos falamos pelo menos duas vezes por dia, sobre tudo e qualquer coisa. Ela compreende como pensam e agem meus familiares, por isso dá conselhos valiosos sobre como administrá-los. E tem uma sintonia tão grande comigo, que posso ligar-lhe de um restaurante, perguntar qual a sobremesa que eu quero e ela dirá.

Existe uma razão para todas as mulheres solteiras lendárias e ficcionais que aparecem na tela, ou nos livros (Grace, Bridget, Carrie) terem um melhor amigo gay. É porque, se você conseguir arrumar um, ele se tornará mais importante para sua existência como mulher solteira do que um pulmão, já que são sempre mais chatos, sem vergonha e peludos do que você. Conheço o meu desde a formatura na faculdade e somos inseparáveis, apesar de um acidente infeliz na noite em que nos conhecemos. Depois de umas vodcas a mais, ele me botou num ônibus noturno para Penge (em vez de Paddington) e nem tenho certeza se esse lugar fica em Londres (certamente não é um lugar para onde os táxis se aventurem).

Com meu melhor amigo gay, posso ser impertinente o quanto quiser sobre as pessoas do meu mundo e ele será ainda mais grosso; se fiz alguma maldade com um homem, ele terá feito dez vezes pior, com dez vezes mais homens; e ele também será desbragadamente sincero sobre a minha aparência, dirá sem reservas se é hora de eu marcar alguns procedimentos cirúrgicos.

Grande parte da vida da mulher solteira é composta pela busca do equilíbrio, por isso para muitas um melhor amigo hétero é bem útil. O mundo lá fora pode achar que vocês estão tendo um caso, ou que vão acabar juntos. Os pais de uma amiga solteira estão convencidos de que ela vai casar com seu amigo hétero, embora ela tenha melhor química sexual com seu melhor amigo gay, que passa mais tempo vestido como uma dama do que David Walliams.

Você tem que ser muito clara sobre a situação com seu melhor amigo hétero e não pode haver nenhuma paquera, nem sedução, entre vocês. Meu melhor amigo hétero e eu não sentimos atração um pelo outro, mas nos adoramos como irmãos. Ele é ótimo para dar bons conselhos do ponto de vista do homem heterossexual (apesar de vários gays que conheço terem querido persuadi-lo a desviar do seu rumo incontrolavelmente heterossexual).

A mulher solteira sabe muito bem como se divertir e há dois tipos de camaradas que contribuem especialmente para isso. Camaradas mulheres são amigas nas quais você não confia completamente, mas que são valiosas nos programas. Como não as conhece tão bem assim, você não pode mostrar-se desanimada nem ficar amuada na companhia delas; mas elas sempre fazem você esquecer suas preocupações e ficar na festa mais aquele meio copo...

Há outro tipo de companheiro de farra que é tão imprescindível quanto. É o namorado platônico, um amigo com quem você não vai para a cama mas com quem tem uma pequena tensão sexual e que é capaz de se afastar se você se meter num relacionamento de fato. Adoro os namorados platônicos. São muito úteis: fazem todos os faça-você-mesmo para você e vivem correndo atrás de uma maneira que jamais fariam se fosse para a cama com eles. Um dos meus tem escritório a noventa segundos muito convenientes do meu apartamento, de modo que pode ser chamado em cima da hora para trocar lâmpadas que eu não alcanço. Ele também foi à minha casa às três da madrugada para procurar o registro de água e não fez nenhum comentário indecente sobre a anatomia da peça.

Namorados platônicos podem ser a melhor companhia. Um valoriza o outro. Uma amizade real de homem com mulher sempre deixa os outros intrigados. Certa vez, eu estava indo ao teatro com um, cuja reputação sexual o antecedia aonde quer que fosse, e conseguimos perder as entradas... dentro do táxi. Acendemos a luz dentro do carro e, ao pararmos num sinal, ficamos os dois de quatro para procurar. Ao levantarmos a cabeça para tomar ar, vimos que estávamos bem na frente do escritório do homem que havia partido meu coração. Por acaso, ele estava saindo de lá naquele mesmo momento e nos viu. Não sei o que concluiu, mas sua expressão tempestuosa sugeriu que foi um grande desprazer.

Com esse tipo de amigo, quase sempre há momentos em que surge a sugestão de irem para a cama, e teremos que lidar com isso depois, porque assim que acontece a troca de qualquer tipo de fluido corporal, ele, por definição, não pode mais ser seu namorado platônico. (Nunca troquei fluidos e nunca trocarei com o cara do táxi, mas correm boatos, que negamos ou não corrigimos, dependendo do que mais convém na hora.)

Para concluir o círculo de amigos equilibrados da mulher solteira, também é útil ter uma variedade de amigas do tipo que fazem você se sentir abençoada. Além de ser as estrelas que são, fazem com que você perceba a sorte que tem. A primeira é alguém comprometida com um namorado ou marido horrível, para você dar graças a Deus de ser solteira. Você já deve ter algumas. São do tipo que possuem um cortador de grama e fazem você entender que, se tiver que se contentar com alguém tão sem graça quanto a cara-metade delas, será preferível entrar para um convento. É bom também ter uma amiga mais velha e mais feia, que se solidariza com você ao falar de colegas de trabalho, parentes e homens que se comportam mal. É meio inescrupuloso, talvez, mas admita que há algumas que se encaixam no papel em seu círculo de amizades.

De qualquer modo, você é equilibrada porque também tem uma amiga mais bonita do que você, com que se solidariza quando falam de colegas de trabalho, parentes e homens que se comportam mal. Você pode achar que a grama é mais verde para alguém do tipo supermodelo, mas é um consolo saber que não é. A mulher mais deslumbrante que conheço está sempre passando por maus bocados com os homens de seu mundo. Seu caso mais recente resolveu transar com a meia-irmã dela, bem mais jovem. Sua reação, perfeitamente comedida e sensata, incluiu o tal libertino, algum lubrificante e o YouTube.

Naturalmente, o último amigo que toda mulher solteira precisa, quase mais importante do que os outros, é um Bunbury. Bunbury, como já foi mencionado, é a criação de Oscar Wilde em *A importância de ser sincero*, um amigo imaginário que pode ser uma desculpa conveniente, ou um exemplo para praticamente qualquer coisa.

Encontrando amigos

Amigos são fabulosos e é sempre bom fazer novas amizades. O mais complicado é quando você se muda para algum lugar diferente, toda a sua rede de apoio de repente fica a quilômetros de distância e você tem que criar uma nova.

Com vinte e poucos anos, morando em Nova York, liguei para meu pai aos prantos, cheia de saudade do inferno. Ele sabiamente apontou que Nova York pode ser o lugar mais fantástico do mundo, mas também pode ser o mais solitário. Acabei conseguindo me virar, seguindo o mantra experiente de uma amiga solteira, de "jamais recusar um convite".

Sou tremendamente tímida, mas aprendi a disfarçar muito bem. A felicidade nunca será sua se você passar o tempo todo escondida embaixo do edredom. Você tem que se expor ao perigo para encontrá-la. Se estiver de mudança para algum lugar novo, pergunte a seus amigos se conhecem alguém que possa procurar lá e depois seja firme na hora de sair e conhecer essas pessoas. Se esse método não estiver gerando amigos potenciais suficientes, comece a fazer alguma coisa, *skydiving* ou dançar salsa, por exemplo. Seja cética e proteja-se contra a internet. Uma amiga solteira meio siderada ficou chocada quando foi encontrar para um lanche um homem que conheceu no MySpace e descobriu que ele não era exatamente o sósia do Matthew McConaughey que aparecia na foto em seu perfil. (Ela é defensora da política de que nunca se sabe onde uma nova amizade vai nos levar, por isso tem como objetivo escolher só pessoas atraentes para seu novo grupo de amigos...) Felizmente, atendendo à insistência da amiga verdadeira, ela levou junto como guarda-costas, uma amiga que lutava karate-kicking.

Afinal, nunca se sabe. Tive uma vez um interlúdio romântico com um homem que conheci on-line (só que antes fiz uma pesquisa em imagens do Google e verifiquei com amigos comuns se ele atendia à minha exigência de altura mínima, de um metro e oitenta, antes de aceitar conhecê-lo em carne e osso).

Se você conhecer um amigo, ou amiga, através de outro amigo, ou amiga antiga, cuidado para não espezinhar quem fez as apresentações, "roubando o amigo ou amiga". Os encontros subsequentes sempre devem acontecer, durante um tempo, junto com o amigo, ou amiga, que os apresentou. A vida é curta demais para fazer inimigos só porque eles se ofenderam com seu comportamento.

Conheci meu melhor amigo gay por meio de alguém que agora não vemos mais. Tivemos o cuidado de deixar nossa amizade se desenvolver diante dos olhos dela e com seu total conhecimento, antes de perder o contato discretamente. Ela passou tanto tempo segurando seu Blackberry que mereceu o status de quem segura vela nos programas a três.

Mas esse código de cortesia não é aplicável se você conheceu novos amigos através de um ex. Uma amiga solteira conheceu um grupo fabuloso de camaradas de farra por causa de um homem que namorou pouco tempo. O DJ que espancava mulheres (e elevou o conceito de lugar-comum às alturas) imaginou que seria fácil descartá-la se as coisas não dessem certo, mas não contou que ela se daria tão bem com todos que ele conhecia. Ela embarcou nessa. Os amigos boa praça são a compensação por seus terríveis defeitos. A vingança contra o sr. Espancador de Mulheres era bem gratificante a cada vez que ela era incluída na lista de convidados para mais uma noitada em boates pelo promoter amigo dele. Para culminar, ela até conheceu seu paquera seguinte, bem diante da ilha do ex, numa boate que imitava Ibiza.

Cultivando amigos

Tudo o que vale a pena, seu corpo, sua casa, seu trabalho, seus pais, exige manutenção, e o mesmo acontece com seus amigos. Os amigos devem requerer um cultivo do tipo que você deseja dar, mas se tudo o que eles fazem é sugá-la, então, é preciso fazer uma reavaliação. Se alguém reclama que você não o/a procurou, isso pode ser verdade, mas e eles procuraram você? A amizade é uma via de mão dupla, é dar e receber. Meus amigos e eu fazemos contato uns com os outros. Este é o trato. Se ninguém procura ninguém, então não deve ser uma amizade que vale a pena manter e devemos seguir para outra.

Você é uma mulher solteira superocupada que está sendo puxada (e que às vezes puxa) para direções diferentes. Isso não significa que precise negligenciar seus mais próximos e mais queridos. Nem sempre a questão é ver alguém fisicamente, é apenas um contato; para isso, o mundo moderno, com sua imensa variedade de ferramentas de comunicação, é também um amigo. É muito fácil dar uma ligada rápida entre um compromisso e outro, ou enviar um e-mail com uma frase, ou uma mensagem de texto com uma palavra. (Mas aqui cabe um aviso: procure lembrar de olhar para os dois lados quando atravessar as ruas. Fui atropelada uma vez, por uma bicicleta na frente de uma multidão diante do bar gay para onde eu estava indo. Minha reação foi desacelerada por saltos dez – naquela noite, eu estava vestida para um concurso de personificação da cantora pop australiana Kylie. Infelizmente, o namorado do meu melhor amigo gay me venceu no concurso de melhores shorts... É muito injusto que os homens tenham menos celulite do que as mulheres, por mais bêbados que estejam.)

Para mim amizade é parar e pensar como a outra pessoa está se sentindo e agir de acordo. Acredito em correio de verdade. Nunca mando uma carta muito longa, mas com papel de verdade, com selo, seja um cartão de aniversário, ou um que diz "homens são maus". Quando uma amiga (ou o melhor amigo gay) precisa de carinho e atenção, essas cartas dizem muito mais do que e-mails ou mensagens de texto.

Faz parte de ser amiga programar encontros, seja para beber, jantar, ir ao cinema ou até viajar nas férias, nos fins de semana. Muitas vezes é o que você faz com seu namorado, só que não precisa se preocupar com a espinha que apareceu no nariz aquela manhã. Mas o ônus de organizar tudo não pode ser só seu. Os outros devem se encarregar disso também.

Eu costumava me esfalfar organizando reuniões para todas as minhas colegas, achando que tudo ia acabar se não fizesse isso. Depois de um tempo, fiquei tão atarefada que tive que deixar para as outras, e... ora vejam só... todas conseguíamos nos encontrar de qualquer maneira, mas em lugares que eu não teria escolhido. Por isso arrumei tempo para organizar os encontros de novo e parei de reclamar!

Em toda amizade há sempre momentos constrangedores. Afinal de contas, é um relacionamento e as pessoas são complicadas. Você pode ter manias que irritam alguém. Por exemplo, algumas pessoas gostam de dividir a conta do restaurante exatamente, sacam uma calculadora e deixam enfurecidos os comensais mais tranquilos. Com esse tipo de comportamento irritante, o que você pode fazer é tentar não recorrer a nenhuma reação infantil. Há ocasiões mais sérias em que o confronto ponderado talvez seja necessário e um momento típico para isso é quando você faz uma nova amizade. Novos amigos podem perturbar os mais antigos, mas todos nós precisamos de sangue novo. Se eles se sentem inseguros, lembre que todos têm uma história com você que é insubstituível. Se reclamarem mais, então estarão sendo irracionais. Você tem que ser sincera e lhes dizer isso.

Seleção do/da camarada

O termo usado em inglês, "*Wingman*", não é mais domínio exclusivo de machos deploráveis que trabalham juntos, espionam duas mulheres, um tira a mais feia da equação com uma cantada e deixa o amigo livre para pegar a outra. A mulher solteira se apropriou naturalmente e com toda razão dessa designação [que aqui foi traduzida como "camarada"], que agora é mais uma expressão para acrescentar à antiga "acompanhante", usada para descrever a pessoa entre os seus amigos que você escolhe para acompanhá-la nos programas e noitadas. É raro não permitirem que você leve alguém e se isso acontecer é porque quem está promovendo o evento deve estar armando alguma. Números ímpares perturbam as vibrações e os lugares marcados.

Não é coisa pouca escolher o camarada certo para a ocasião certa. Pode ser seu melhor amigo gay, sua amiga verdadeira, ou um do seu grupo de namorados platônicos (só que nesse caso existe o perigo de ficar bêbada e ir parar na cama com ele – veja Sexo Acidental no Capítulo 8).

Camaradas são o acessório essencial para todo tipo de roupa. Você deve evitar escolher alguém que será uma Granada Social e que vai envergonhá-la de algum modo, ou que ficará pouco à vontade e não saberá se comportar no evento. É injusto para eles e para você. Para programas de teatro, sempre levo meu melhor amigo hétero que funciona como faca em brasa sobre manteiga quando nos perdemos um do outro, no salão, especialmente se houver atrizes altas e malandras presentes.

Certa vez, quando ele não pôde ir comigo, cometi o erro de levar um dos meus outros namorados platônicos e ele ficou feito peixe fora d'água. Foi um desserviço que não pretendo repetir. O bonitão foi soterrado por um dilúvio de mauricinhos do West End. Seguindo o mesmo raciocínio, aceito perfeitamente que não serei a pessoa que meus amigos vão procurar se quiserem acampar num fim de semana. Porque não vou contribuir; gosto que minha água corrente tenha uma torneira. Pense bem em quem estará presente, quanto tempo consegue passar com a pessoa que vai levar e se ela se vira ou não se tiver que deixá-la sozinha em algum momento. Os camaradas também devem ter a capacidade de puxar a cordinha do paraquedas para você, de tirá-la de um programa quando estiver cansada e emotiva, e levá-la em segurança para casa (acidentes às vezes acontecem e existe o perigo de você ficar tempo demais num bar).

Pela minha experiência, os amigos gays costumam ser os melhores camaradas. A maioria das pessoas os acha interessantes e divertidos, e nunca haverá a possibilidade de eles ficarem melosos em relação a você e de ter que se defender de um ataque no fim da noite. O cavalheirismo não morreu, apenas se mandou para o reino dos homens gays. Os que eu conheço são muito mais galantes do que qualquer um dos meus amigos hétero, que, quando se oferecem para acompanhá-la até em casa, sempre vão na esperança de um beijo. Já os gays fazem isso só porque é a coisa certa.

Amigos impossíveis

Os amigos devem ser aquela parte quase sempre tranquila da vida, senão para que deixar que entrem em seu mundo? Mas às vezes é quase inevitável que essa canoa vire.

Todo mundo tem períodos difíceis e é importante que você esteja lá por um amigo ou amiga que precise, caso estejam passando por um desses momentos. Mas você não pode ser também a terapeuta. Tenho uma amiga que parece colecionar amigos deprimidos. É óbvio que ela deve gostar de sentir que precisam dela, mas ao mesmo tempo lhe exigiram tanto que foi ela quem acabou tendo que procurar um analista. Os amigos devem saber que precisam ajudar a si mesmos. Se realmente estão num estado tão ruim assim, devem procurar ajuda profissional e, se for necessário, recorrer ao Prozac.

Você não é amiga só nas horas boas. Mas para a amizade funcionar, tem que haver equilíbrio. Se alguém está só sugando quando você não tem mais nada para dar, então vai chegar um momento em que você terá que ser cruel para ser boa e deixar de estar com esse amigo, ou amiga, por um tempo. Ou dizer-lhe o que ele, ou ela, está fazendo com você e que precisa de uma ajuda que você não pode dar. Se nenhuma dessas abordagens diretas funcionar, experimente a tática clássica da amiga imaginária Bunbury, contando-lhe como ela está enlouquecendo com um amigo nesse estado, que vai dizer a ele que precisa de ajuda profissional, ou para cuidar da vida. Ou então simplesmente diga que é o próprio Bunbury que está lhe causando problemas.

Há amigos que não são bons para nós por vários motivos. Estou me recuperando de um problema na tireoide. Gosto de beber, mas não devo exagerar. Algumas amigas me apoiam, arqueando as sobrancelhas no minuto em que dou a impressão de que vou enxugar a garrafa, enquanto outras enchem meu copo disfarçadamente. Há também amigos que são ótimos para certas coisas, como dançar até o sol raiar, mas não para outras – substâncias ilegais nunca foram a minha praia. Certos amigos não querem ficar comigo se a noite degenera nessa direção, porque acham que sou chata; pelo mesmo motivo, sempre fico feliz em ir embora naquele momento. Quando aspiram cocaína, as pessoas se tornam furacões, deixando um rastro de destruição. Isso é sempre pior do que aborrecido para aqueles que não estão nessa onda e sobre os quais invariavelmente cai a responsabilidade de consertar a devastação imediata. Ainda mais se os cheiradores em questão estão sob o efeito químico equivocado de que são os donos da situação.

É natural que à medida que vamos envelhecendo, nos afastemos. Ainda sou muito próxima de algumas colegas de escola, mas cada vez menos de colegas da universidade. Não que não sejam pessoas adoráveis, mas é que não têm nada em comum comigo, com a mulher solteira. Quando são casados, não saem todas as noites, seja para trabalhar, seja para se divertir, enfiados na segurança de suas casas de significativa metragem. Nossa compatibilidade simplesmente mudou, como as nossas prioridades. A dificuldade desse afastamento é quando você é a primeira a descobrir que ambos cresceram e mudaram. O jantar do meu trigésimo aniversário está sendo um campo minado para negociar. Entendo que várias pessoas vão se ofender se não forem convidadas, apesar de algumas não terem ideia de qual é meu endereço de e-mail, e eu o tenho há mais de dois anos. Todos esses ofendidos formam casais; que também não entendem por que eu não convidaria seus parceiros, po**a!, apesar de tê-los só visto duas vezes, nem por que eu reclamo que o cartão SIM do meu celular é pequeno demais para o catálogo de números que preciso. Em parte é porque saio todas as noites e gosto de colecionar pessoas, mas também é porque não cozinho e por isso tenho o número de muitos estabelecimentos que entregam comida em domicílio na lista do meu celular enquanto esses casais costumam ficar em casa, usando um livro estranho chamado "de receitas". Na verdade, tenho uma amiga casada desse tipo que raramente usa o celular, enquanto a conta do meu é minha maior despesa depois dos sapatos.

Mulheres comprometidas podem ser irritantes e por isso acontece o afastamento. Antes do noivado, elas ficam aflitas com a possibilidade de ganhar uma aliança e estão sempre cancelando compromissos com você por causa dele. Depois do casamento, elas costumam ficar chatas e nesse meio-tempo se tornam... noivazillas. Uma noivazilla não faz ideia do quanto é desinteressante. O enfeite no anular da mão esquerda é de mau gosto, suas ideias de uma noitada com as amigas horrorosas e a toalha de mesa gigante que é seu vestido de noiva é quase tão feio quanto o arranjo de flores proposto, que ela insiste em descrever em todos os detalhes para você, apesar de seu conhecimento sobre a flora só conseguir identificar a cor. (É claro que sua amiga noiva talvez nunca se transforme em noivazilla e continue sempre adorável... conheço algumas. Mas não são a maioria.)

Experimente fazer uma noivazilla desistir de conversar sobre o assunto casamento, organizando uma reunião com uma amiga comum que tenha filhos pequenos e não converse muito com adultos, e não vá a esse encontro. Se ela realmente insistir em seu envolvimento nos preparativos do casamento, você talvez tenha que contar uma pequena mentira e inventar que não gosta de conversar sobre núpcias porque se sente sozinha. Uma inverdade, já que o amado dela torce pela Inglaterra e você vai preferir nunca mais dormir com ninguém a assumir um compromisso de vida inteira com um tipo desses, mas pode ser que a faça calar a boca.

Outra área em que as amizades podem ser severamente testadas é quando se trabalha com elas. De certa forma é quase como ter um caso, e pode se transformar no beijo da morte de sua camaradagem. Cometi esse erro duas vezes, de ficar sócia de amigos. A primeira sociedade se dissolveu amigavelmente, éramos duas mulheres e ambas descobrimos que não podíamos dar o que a outra queria, conversamos sobre isso e só chamamos os advogados no fim do dia para resolver o problema oficialmente. A segunda foi mais difícil: um homem achou que eu o havia prejudicado, mas seus dois melhores amigos e o meu advogado lhe disseram que ele não tinha razão e que me prejudicaria se mantivéssemos a sociedade.

Às vezes, quando um amigo se transforma em pesadelo, é muito importante largá-lo. Se for esse o caso, experimente deixar o relacionamento seguir seu curso parando de se comunicar, em vez de ter uma briga feia. É sempre possível provocar o fim de uma amizade não respondendo a mensagens de texto ou e-mails, em que perguntam se esse ainda é seu número de celular ou endereço de e-mail...

Inimigos

O velho ditado "Mantenha seus amigos próximos e seus inimigos mais próximos ainda" é bem astuto. Ferir os sentimentos das pessoas é extremamente perigoso. Perder contato é uma coisa, mas magoar alguém é completamente diferente. Se for preciso, ligue o charme de matador quando estiver com pessoas nas quais não confia. Você é mais inteligente do que elas. Não quer dar munição para esses tipos mancharem sua reputação. Os outros sempre vão acreditar no que disserem de ruim sobre você.

Uma mulher solteira teve um problema assim porque uma conhecida casada achou que ela tinha paquerado seu marido (não tinha) e então saiu por aí dizendo cobras e lagartos a seu respeito. Foi preciso que a solteira espalhasse por um bom tempo só amabilidades sobre a sra. Doida para finalmente o mundo em geral entender quem merecia a reputação de megera, afinal.

Há também as pessoas que chegam a seu mundo trazidas pelos namorados e namoradas. Minhas amigas costumam apresentar cafajestes que em geral têm uma conversa ótima, mas as tratam muito mal. Ou então homens bons, mas completamente sem graça. Seja agradável, mas não há necessidade de sair do seu caminho por eles se for óbvio que não vão durar mais tempo do que a bateria de um iPod.

Meus amigos homens são mais controversos em suas escolhas, uma vez que cada vez menos pensam com o cérebro e saem com mulheres que dão má fama ao sexo frágil. Há inúmeros exemplos.

Um namorado platônico playboy foi para a cama com toda a Londres antes que alguém virasse a mesa. Seria até divertido ver o caçador virar caça, só que a moça em questão era caçadora de tesouros. Ela não tinha amigas – o pior sinal de todos – e tinha ido para a cama com a maioria dos amigos dele antes de lhe lançar os olhos ao descobrir que ele tinha a maior... conta no banco. Nós o avisamos e recuamos, à espera de que ela cavasse a própria sepultura. Nunca force um amigo cego de amor a escolher entre a amante e você, porque no final o sexo sempre ganha. Deixe que eles saiam primeiro do período de lua de mel.

Há outro tipo de mulher infeliz que atrai certos homens. As esganiçadas, pequenas e burras. A esganiçada é aquela que está sempre ao lado de homens, nunca das mulheres, do tipo que ignora todas as mulheres presentes se tiver um homem para paquerar, e que certamente jamais seguiria o código das mulheres e iria para a cama com qualquer homem que considerasse que poderia adiantar seu lado. Elas sempre riem esganiçadamente de piadas horrorosas quando são contadas por seu alvo, adejam os cílios sobrecarregados de rímel, comem sempre a metade dos pratos que lhes são oferecidos – até das anfetaminas –, e esperam que os homens paguem tudo porque elas precisam gastar dinheiro com coisas mais essenciais, como sapatos.

Toda mulher precisa de sapatos, mas as legais jamais planejam levar um homem à falência. Conheço muitas esganiçadas; uma amiga chegou a terminar com o namorado porque ele insistia em sair com seu melhor amigo e a namorada esganiçada todo fim de semana, e os dois a tinham na mais alta estima.

Para realmente irritar uma esganiçada, trate de monopolizá-la de um modo exageradamente carinhoso quando ela estiver na companhia de machos. Ela ficará desesperada para livrar-se de você e buscar uma interação mais alpinista social, mas não poderá ser grosseira perto de um homem porque, se for, a pequena madame estará dando um tiro no pé. Se estiver sozinha com ela, elogie seu esmalte ou batom. Ela não vai mais parar de falar sobre onde comprou e você não precisará mais pensar em nada para dizer para a cabeça de vento, enquanto contempla problemas realmente sérios, como quem vencerá o concurso de dança num programa de televisão.

É claro que, se seus amigos estão sempre se associando a mulheres como essa, elas terão que ser toleradas. Se pedirem, a sua opinião deve ser comedida. Se for sincera sobre o que pensa da paixão deles e os dois se casarem, será um desastre... Mas se eles se casarem, isso já será um desastre por si só. Com a taxa de divórcios na casa de um em cada dois, para qualquer casal, em qualquer faixa de renda – mas especialmente quando não há muito no banco para dividir quando tudo dá em m**da –, um contrato antenupcial é o que você deve sugerir, como amiga.

O que quer que faça, é sempre melhor não fazer no casamento propriamente dito, cuja administração, junto com a de outros eventos, vamos agora analisar.

CAPÍTULO 6

Administração de eventos

A administração de eventos cobre praticamente todas as excursões que vão além de um raio de cinquenta metros da sua casa.

Sair é o oxigênio, a própria fonte de vida da mulher solteira. Nós, solteiras, não estamos amarradas às nossas casas por nada, nem por aventais, nem por qualquer outra coisa, por isso temos a oportunidade de sair pelo mundo e nos divertir mais e melhor do que qualquer das nossas contrapartidas, que são obrigadas a levar em conta suas caras-metades. E graças à nossa experiência com esses períodos passados fora de casa, é inevitável que saibamos distinguir melhor o que é diversão. Conhecemos a diferença entre um ótimo programa e outro não tão bom. As mulheres solteiras não precisam perder tempo numa noitada que consideram pouco animada se podem facilmente trocá-la por outra alternativa, sem ter que dar satisfação a um namorado briguento que prefere conversa chata e cerveja ruim.

Não esqueça que, como acontece com programas de trabalho, você não precisa aceitar todos os convites (você é uma mulher solteira desejada e desejável e se aceitar todos os convites dos envelopes que abrir, corre o risco de ficar com bolsas – e não estou falando do tipo Louis Vuitton – sob os olhos). Bunbury tem a tendência conveniente (pelo menos para você) de ter uma crise de nervos e exigir sua preciosa presença nos momentos mais propícios. De fato, o estado mental de Bunbury pode ser tal que você só saberá no último minuto – depois que seu anfitrião, ou anfitriã, lhe deu todos os detalhes exatos da ocasião – se poderá sair do lado dele, mas naturalmente terá que correr de novo para perto de Bunbury se o celular tocar (combine com uma/um amiga/amigo para enviar mensagem de texto, ou lhe telefonar).

Em geral, o que costumo fazer é aparecer no evento e ficar um breve tempo para saber se estou perdendo alguma coisa, ou não. Como diz minha avó, podemos dormir na poltrona quando ficarmos velhas.

Pela própria natureza, os seres humanos são do contra, por isso se não tiver saída e disserem que vai se divertir muito, é bem provável que não se divirta nada. Portanto, é sensato evitar festas em barcos que incluem qualquer tipo de navegação a vela e lugares desconhecidos a quilômetros de distância do aeroporto e sem transporte para sair dali.

Certa vez, sofri uma noite torturante com um ex-namorado num passeio de barco pelo Tâmisa. Ele ficou escondido até içarem a âncora, pois sabia muito bem que eu teria desembestado prancha abaixo se ele aparecesse antes de o barco zarpar. Depois me cercou, resolvido a me convencer de que era um bom partido, apesar de sua infidelidade. Mais sal foi esfregado em minhas feridas pela visão clara de táxis vazios com suas luzes amarelas piscando na margem.

Não estou dizendo para você nunca aceitar programas em lugares estranhos. Podem ser divertidos. Mas precisa conservar a possibilidade de puxar a cordinha do paraquedas se for necessário.

É possível reservar um táxi com antecedência em quase qualquer lugar. Mas quanto mais remoto for o local, menos transporte você terá à disposição, por isso é bom ter um reservado em seu nome. Você sempre pode mudar a hora marcada para mais tarde, ou cancelar de vez se estiver tendo uma noite espetacular. O fato de saber que existe a opção de dar o fora traz uma sensação de liberdade que só aumenta a curtição do programa. E também significa que suas vibrações no fim da noite não serão solapadas por ter que percorrer um longo e ridículo circuito a caminho de casa.

Meu camarada de uma noitada recente esqueceu de reservar táxi com antecedência, e tive que voltar para casa a pé, descalça, à meia-noite (com saltos dez foi demais). Comportamento que não é nada inteligente nem nos melhores momentos, o que dirá atravessando o Soho em pleno inverno.

Além de montar sua estratégia de fuga, grande parte de seu prazer com o programa virá do modo como administrou suas expectativas. Parte da diversão é imaginar como será a festa, mas se idealizar demais, pode ser a maior decepção.

A experiência ensina que as ocasiões que você espera que sejam fabulosas em geral não correspondem a essas expectativas, enquanto programas mais temidos podem se revelar os mais divertidos. É por isso que as noites da semana (de domingo a quarta-feira – quinta não conta como dia útil porque só tem mais um dia de trabalho antes do fim de semana) costumam ser as melhores para sair à noite: diferentes das noites de fim de semana, há menos expectativas, de modo que você pode se surpreender e se divertir à vera. A partir do momento em que você se prepara para a maior ressaca domingo de manhã, ela talvez nem seja tão aguda; mas se tiver marcado uma aula de step para as 7 da manhã de uma terça-feira, a soma total de sua atividade será desligar o botão de alarme do despertador. Surpresas podem gerar esse tipo de satisfação.

Levando tudo isso em conta, você tem que se concentrar em você. Para brilhar deve estar de bem consigo mesma, portanto, cuide de seu lindo corpo e se arrume para brilhar, sempre de forma adequada a cada evento.

Sua roupa para o suadouro da boate Space, em Ibiza, não será a mesma do casamento de sua irmã, por isso pense bem se vai escolher tênis de marca ou salto agulha. O objetivo é usar algo que combine com a ocasião, mas que realce sua individualidade. Deus nos livre de você se diluir na massa. Você está no apogeu, não é o momento da vida para sumir na paisagem.

Em seguida, depois de escolher seu camarada mais bonito (supondo que não precise comparecer sozinha), trate de compor sua lista de conversa. A pesquisa necessária e possível vai depender do tipo de evento em questão. A primeira coisa que deve procurar descobrir é quem vai estar lá. Se não teve acesso à lista de convidados, talvez baste pensar um pouco para imaginá-la, pelo menos em parte: dos parentes complicados aos colegas de trabalho aos quais o anfitrião ou anfitriã devem um convite.

Faço isso desde que entrei numa discussão antes de um jantar e fiquei falando mal de um filme recém-lançado... só para descobrir que a pessoa a meu lado havia desenhado os cenários. Ele ficou ofendidíssimo e o jantar foi o maior desastre. Opa! Depois de um tempo em que ficou sem me convidar, po**a!, a anfitriã, nesse caso, passou a me incluir entre os convivas novamente, mas sempre liga para me inteirar da lista de convidados antes.

Se achar que a conversa vai ficar difícil, leve um derivativo. Tenho uma bolsa com o logotipo dos chocolates Maltesers bordado com contas, na qual ponho pacotes de Maltesers de verdade (o meu camarada tem que segurar minha carteira e as chaves, já que esse *modus operandi* não deixa espaço na bolsa para qualquer item que não seja comestível). Ao distribuir chocolates mais leves do que a média, sempre provoco uma enxurrada de exclamações.

Todos os anfitriões gostam de pensar que suas festas são únicas, mas há certas ocasiões padronizadas que exigem um tipo próprio de administração para a mulher solteira.

Reuniões para drinques

O programa mais comum no dia a dia da mulher solteira será sempre a reunião para drinques. Isso pode variar na escala de charme desde uma reunião em casa de algum amigo, com uma pilha de latas de cerveja e várias idas ao banheiro, até um coquetel em que o champanhe não acaba nunca, por mais que todos se esforcem. Os desafios para a mulher solteira são os mesmos, qualquer que seja o caso. Você precisa assumir o controle para garantir que sobreviverá à noite sem qualquer incidente mais grave, e que estará suficientemente sóbria para voltar para casa em segurança – algumas barras de cereais antes de sair para a farra sempre ajudam.

Assim que chegar, dê uma volta pelo lugar, observe onde ficam os banheiros e qual o tempo provável de espera na fila. Depois posicione-se perto da cozinha. Se estiver numa festa chique, você será a primeira a receber os canapés e talvez possa forrar seu estômago um pouco mais. Comer não é nenhum crime, por mais que esse seja o mantra da tropa que veste tamanho trinta e oito. Ficar perto da cozinha proporciona ainda mais um bônus, o de encontrar gente divertida que faz a mesma coisa, já que serão pessoas com visão de vida parecida com a sua – gente que tem experiência de festas e reuniões e que em geral também é solteira. De fato, um dos meus namorados entrou em meu mundo porque teve a mesma ideia brilhante e nos identificamos sobre miniaturas de *Yorkshire pudding*.

Seguindo a mesma linha, as cozinhas são sempre os lugares mais apinhados da casa em noites de festa e sua iluminação um pouco mais forte desencoraja o sr. Espinhento a achar que pode dar o bote em você. Assim, você pode concentrar sua atenção na análise de espécimes mais aprazíveis.

Você é uma mulher solteira muito bem-sucedida, é sociável e conhece muita gente. Nessas ocasiões, aquelas almas que não saem tanto e que não precisam lembrar de tanta gente invariavelmente vão reconhecê-la e cumprimentá-la, chamando-a pelo nome, quando você não consegue lembrar o nome delas. É sempre possível bancar a cara de pau com exclamações do tipo "Por onde você andou?" ou "Quando foi a última vez que nos vimos?". Isso funciona até a hora em que tiver que apresentar esse fulano a algum outro. Mas existe uma tática que ajuda a evitar rubores nesses momentos. Gesticule apontando para os dois e pergunte: "Já se conhecem?", em seguida, dê um gole superdemorado em sua bebida. Eles então mordem a isca e se apresentam um para o outro.

Não entre em pânico se encontrar outra mulher com roupa idêntica à sua, mesmo se ela for quatro tamanhos menor do que você. Dê uma risada simpática e elogie a única coisa que a outra tiver de diferente, como a cor do batom (concentrar-se numa parte qualquer da produção de uma mulher de forma lisonjeira é sempre um modo seguro de conseguir uma aliada). Se, por acaso, ela estava começando a ficar eriçada, vai amansar logo, logo.

Talvez você encontre pessoas com quem não quer trocar mais do que duas ou três palavras de cortesia. Prepare sempre seu camarada para um sinal sutil – botar gentilmente a mão na garganta, por exemplo – de que você está precisando ser socorrida de alguém detestável. Tenha também outro movimento para a situação inversa, indicando que deseja ficar sozinha com a pessoa com quem está conversando, que por algum motivo é particularmente fascinante, seja no papo furado, ou nos olhos castanhos. Seu camarada saberá se virar sem você, já que terá escolhido alguém capaz disso.

O jantar de casais

O evento seguinte – uma corrida de obstáculos que a mulher solteira precisa encarar – é o Jantar de Casais, oferecido por seus amigos muito casados ou comprometidos, que têm fôrmas para ovos *cocotte* e bolos enfeitados no armário da cozinha. Quando não permitem que você leve um camarada, cuidado porque pode ser uma armação com algum solteiro, e todos os outros, menos ele, estarão acompanhados com parceiros de longa data. Essas armações dos amigos serão tão discretas quanto botas de esquimó e em geral não acertam no candidato. O namorado proposto provavelmente terá preconceitos insuportáveis, ou estará apenas à procura do primeiro caso depois da separação, antes de voltar para a mulher e os filhos pequenos.

Seu primeiro instinto pode ser recusar o convite para o jantar de casais, mas pare e reflita antes de fazer isso. Por mais improvável que possa parecer, você talvez tenha uma noite interessante (conheci um dos meus camaradas gays em um programa desses).

Chegue quinze minutos depois da hora marcada para que filhos e caras-metades se aquietem e se instalem. Leve alguma coisa que você queira comer ou beber. Se eles são do tipo que têm tudo, leve para sua anfitriã a vela de uma loja que tenha uma sacola bem fina. O mais importante é sempre onde o presente foi ostensivamente comprado, nunca o cheiro da vela, nem sua real procedência, já que nunca vão acendê-la e de qualquer modo ela deverá ser mesmo passada adiante.

Assuma o controle e implemente sua lista de conversa logo no início, mas prepare-se para a tortura habitual da mulher solteira. A primeira pergunta da amiga comprometida não será sobre sua saúde, seu sapato espetacular, sua maquiagem linda, nem sobre sua recente promoção. Será sobre sua vida amorosa. Isso se deve em parte porque sua inquisidora casada é sonsa, e em parte porque assim ela pode viver por meio de você. Quando terminar de dar os detalhes de seu trabalho divertido, das férias e dos programas quentes, certifique-se de que todos os sorrisos zombeteiros e desdenhosos se apagaram da cara dos céticos. Você está aberta a conhecer pessoas, mas não vai se conformar com opções de baixo nível. Não pense que precisa defender suas escolhas. Você é quem você é, em paz consigo mesma. Isso vai transparecer e reluzir, e se eles não reconhecerem o que é tão óbvio, o problema é deles. Deixe que conversem sobre o depósito de ferramentas do jardim e os faça-você-mesmo com alguém que se importe com isso.

Quando estiver entretendo a mesa toda embevecida com alguma anedota no melhor estilo de mulher solteira, uma topa-todas pode se revelar. Não satisfeita em provocar dores de cabeça profissionais na mulher solteira, as topa-todas nunca tiram folga, já que gostam de aproveitar todas as horas em que não estão dormindo. Essas almas ortodoxas – tanto na religião quanto na visão de mundo – interrompem com algum comentário sobre sua moralidade dúbia (como você ter ido para a cama com mais de uma pessoa), ou então inventam uma sugestão imprópria do gênero: "Já pensou no curso Alpha para conhecer alguém? Foi onde conheci minha (olhar lânguido) cara-metade." Uma amiga que enfrentou esse comportamento santarrão deu uma resposta memorável e verdadeira: "Não, sou judia."

Os topa-todas não têm educação e nem o botão de autocensura para saber que não se deve tocar em assuntos de religião ou política, a menos que se esteja entediada e se queira acabar com a noite.

Sempre ajude o anfitrião, ou anfitriã, a tirar a mesa. Se houver um impasse de pesadelo nos lugares marcados à mesa, isso lhe dará um intervalo na conversa com seu vizinho chato e permitirá que você se afaste sorrateiramente para acertar sua estratégia de fuga com o celular sempre à mão (mas escondido discretamente e, se possível, ligado só para vibrar), se for preciso. É claro que a ajuda também é sinal de boa educação. Isso e mais as idas ao banheiro (mas nunca tantas que se veja forçada a negar os rumores de que está jantando no espelho, isto é, aspirando cocaína, e/ou enfrentando bulimia) podem representar um descanso bastante necessário para você se recompor e manter a efervescência da mulher solteira.

A reunião dos colegas de escola/universidade

Outro tipo de reunião que pode representar uma tensão desnecessária para a mulher solteira, por toda sorte de motivos, é a de colegas de escola ou da faculdade. Nessas reuniões, costumam aparecer os piores traços das pessoas, que procuram justificar sua existência na última década para os colegas. Se aceitar o convite, tem que saber que alguns presentes vão considerar seu estado civil de solteira um tendão de Aquiles, no qual vão se concentrar para desviar a atenção dos próprios defeitos, em vez de falar de suas conquistas positivas. Isto posto, essas reuniões podem até valer a pena, com antigos amigos voltando para seu mundo.

Numa reunião dessas, você pode optar por pairar acima de qualquer mau comportamento dos demais e ser simplesmente a pessoa incrível que é, ou então se tornar subversiva. Eu gostaria de poder dizer que sempre escolho o primeiro curso de ação, mas tendo mais para o segundo, pois essas ocasiões estimulam meu lado mais perverso. Ainda não me rebaixei ao nível de um amigo, que alugou joias espalhafatosas e uma loura para a reunião de colegas da universidade – coisa da qual se arrependeu bastante mais tarde porque agora a secretaria da universidade está sempre lhe pedindo dinheiro.

Costumo ultrapassar um pouco os limites das roupas adequadas, usando produções que exibam ao máximo um corpo que é pré-bebê e que certamente não se equipara ao consumo de calorias de um companheiro gorducho.

Há sempre alguns seres que levam a coisa toda a sério demais, ou então se equivocam ao achar que estão se divertindo, já que a última vez que fizeram um programa decente foi na discoteca da escola em 1991. Você pode muito bem olhar para o relógio, imaginando se é hora de ir embora, mesmo que só tenham passado dez minutos desde a hora que chegou. Mas curta a verdade comprovada de que você é feliz e vive acima da corrida de ratos que tantos dos seus contemporâneos acham tão importante, mas que na verdade é bastante destrutiva a seu bem-estar. Depois você pode curtir um tempo com seus amigos que têm uma vida.

A festa de noivado

Pela própria natureza da mulher solteira, mesmo se você não estiver achando agridoce o iminente casamento de outra, algumas pessoas vão encará-la com um misto de pena e de superioridade, como se você estivesse se sentindo assim. Como se quisessem prolongar esse ataque de paternalismo, e numa proporção direta ao tempo cada vez mais curto que duram os modernos votos matrimoniais, casais felizes parecem sentir cada vez mais a necessidade de alongar suas núpcias. Se você der muito azar, os envolvidos serão completamente americanos e farão intermináveis festas pré e pós-casamento, além do grande dia propriamente dito. Você talvez não tenha saída e precise comparecer a todas, sem Bunbury para salvá-la em ocasiões tão significativas.

No mínimo, você vai começar encarando a festa de noivado, quando até mesmo as pessoas comprometidas mais legais podem se tornar irritantemente piegas. Procure limitar o tempo que passa nessas ocasiões e tenha um camarada que pensa como você.

Na chegada, vai se sentir obrigada a dar parabéns calorosos. Se não confia nessa união e não é capaz de pronunciar o cumprimento com sinceridade, siga a tática do meu melhor amigo gay, de expressar um perfeitamente sincero “Muito bem”. Muito bem pela união? Por conquistar o plano de cinco anos de objetivos ticados nos quadradinhos? Pelo quê, exatamente? De fato é uma frase deliciosamente maquiavélica, completamente ambígua. Mas se precisar usá-la nessa ocasião, talvez seja melhor planejar a retirada antes de beber coquetéis demais. Você não vai querer comprometer sua capacidade de autocensura.

A despedida de solteira da noiva

Infelizmente seu estado civil de solteira significa que provavelmente não poderá se esquivar de ser arrastada para os preparativos da despedida de solteira da noiva. Como você é alguém que ainda sai à noite, vai ser uma das poucas que a noivazilla conhece, capaz de organizar a reunião.

As noivas são almas estranhas. Pessoas perfeitamente normais que, de repente, resolvem que precisam de aulas de *pole dance* para se despedir de uma vida de "solteira", da qual não chegam nem perto há anos. A única regra para uma despedida dessas é prever que será horrível. Administre suas expectativas com bastante antecedência. Como no Natal, essas festas são destinadas a pessoas que não têm uma vida propriamente dita e se degeneram em qualquer ocasião animada só porque é a primeira vez em meses que saem de casa. No entanto, ao som da meia-noite certamente haverá um enorme êxodo, quando várias convidadas, qual Gatas Borralheiras envelhecidas de sapatos gastos, correm para casa para liberar as *baby-sitters*. Naturalmente, o Príncipe Encantado não estará em casa para cuidar do bebê naquele único momento em que dá carta cor-de-rosa à Borralheira, porque teve que ir a sua noite habitual no pub.

Agora conceda-me um lapso momentâneo de cinismo, prerrogativa da mulher solteira, mas a moda de viajar num fim de semana para a despedida de solteira é ridícula. Casamentos já saem caros demais para os convidados. Você tem todo o direito de recusar uma viagem dessas para Magaluf porque tem que fazer algo inadiável com Bunbury (que também já me salvou de canoagem).

Se recair sobre você, como é provável que aconteça, a organização da despedida de solteira, vão achar que deve adivinhar os desejos da noiva. A postura dela será igual à de uma parente com uma pitada de diva; em vez de ser específica, de dizer exatamente o que quer, do modo sincero como deve ser entre amigas, vai achar que é melhor dar indiretas. Isso é um pesadelo, porque não importa o que você faça, será no tom errado.

Uma noiva que eu conheço foi muito enfática ao afirmar que não queria um véu de mentira nem esse tipo de parafernália, mas ficou arrasada porque não teve nenhum item que a distinguisse do resto do grupo. Deixe muito claro desde o princípio que a praga da noiva tem que ser transparente em suas instruções e que não se deve esperar que você leia a mente dela.

O casamento

E o casamento vem em seguida. Seu comparecimento será compulsório, a menos que o feliz casal não seja muito amigo, ou da família. Ou então que você seja uma celebridade menor, tenha visto o logotipo da revista *OK!* de celebridades no convite e tenha algum lugar melhor para vender sua alma naquele dia.

Há duas escolas de pensamento distintas sobre ser membro de uma comitiva nupcial e você provavelmente está entrincheirada numa delas. Se a noiva é adorável, para algumas mulheres solteiras, se arrumar toda e usar um vestido feito sob medida será uma experiência alegre. Mas outras – inclusive eu, que estamos firmes no outro campo – acreditamos que ser uma grande (relativo à idade com dois dígitos) dama de honra é nada menos do que uma terrível humilhação que a família e até os amigos podem querer impingir à mulher solteira, achando que, por algum motivo, você está solitária e vai querer se envolver para se ocupar. A noiva não vai querer que você fique mais bonita do que ela, por isso certamente acabará inventando um vestido cor de bronze para você. Além disso, qual o grupo de mulheres de vinte, ou de trinta anos e alguma coisa, em que todas ficam bem com um vestido do mesmo estilo? Não ficam. Se quer ser dama de honra, pense bastante, e bem, em quem está no comando. Se ela manifestar qualquer tendência à noivazilla, saiba que o risco é por sua conta. Você terá que enfrentar seus ataques (quase iguais aos dos pequeninos com roupinhas absurdas, quase da mesma cor da sua), mães em guerra, juízes bêbados com olhares maliciosos... e por aí vai. É perfeitamente sensato recusar o papel de dama de honra e se dar uma chance de curtir o café da manhã do casamento. Se o máximo de diversão que você pode ter no dia da mulher de branco só acontecerá se puder se esconder no último banco com um namorado platônico e rir, antes de se ver livre para aproveitar a recepção como bem entender, sem qualquer responsabilidade de mãe da noiva substituta, então trate de fazer tudo o que puder para escapar da linha de frente com a noivazilla. Sua aparência animada durante as núpcias pode até ser sincera na primeira das oito horas de maratona que essas ocasiões geralmente acabam sendo.

Se tiver sorte, conhecerá a noiva que lhe pede para desfilar de tafetá há muitos anos e portanto será capaz de explicar com bastante antecedência sua recusa em usar vestidos volumosos, antes mesmo que elas tenham conhecido "o cara".

Quando uma amiga da faculdade se casou, ela não ficou nada ofendida quando pediu e eu recusei ser dama de honra. Havia passado quase dez anos martelando que damas de honra adultas são uma péssima ideia.

Não é tão fácil quando a nova noiva que está se casando com alguém da sua família a convida por questão de educação. Se for o caso, explique gentilmente que não tem nada a ver com você ser dama de honra adulta, mas sugira alguém com idade de um dígito e que adoraria a chance de usar um vestido cheio de rendas. Você também pode se oferecer para ler um texto ou fazer qualquer outra coisa que não seja trabalho nenhum. Se ela reclamar, finja ficar um pouco estressada, lamente sua solteirice, afirme que ser dama de honra só faz com que sinta estar vivenciando aquele ditado "sempre dama de honra, nunca noiva", e que você não suporta isso. Depois de despachá-la de volta para casa, para sua chata cara-metade e sua dieta pré-nupcial, você pode sair para tomar um coquetel cheio de calorias com seu melhor amigo hétero.

Como mulher solteira que é, você vai querer marcar o máximo de pontos com boas ações junto ao feliz casal antes do casamento para aumentar suas chances de aproveitar bem a refeição depois. Compre um presente para eles da lista de casamento. Eles não querem que você seja original e compre o que lhe der na telha; querem que mais gente contribua para formar o jogo de jantar. Faça isso bem cedo. No estágio inicial, eles vão entrar todo dia na John Lewis on-line para ver quem comprou o que da lista. Mais adiante, a emoção não será a mesma e a chance de cair em suas boas graças será desperdiçada.

Assim, você também poderá comprar um presente mais decente e não ferragens para o banheiro ou, pior ainda, roupa de cama; nunca entendi por que as noivas acham que isso deve ser divulgado publicamente.

Depois de se livrar do maior número de obrigações possível, o último estágio dos preparativos é providenciar uma roupa bem bonita. O casamento de um ex-namorado é autorização imediata para você estourar o cartão de crédito, já que é essencial que esteja simplesmente deslumbrante (mas não estridentemente sexy), e qualquer gerente de banco vai entender. Tomara que você possa levar um camarada, mas se não puder e achar que vai ser muito difícil, não vá.

Fui ao casamento de um ex-namorado e foi um final maravilhoso. Fiz as pazes com ele e com meu passado e ao mesmo tempo me diverti muito com alguns namorados platônicos. Uma outra solteira e ex dele, sentada no banco bem na minha frente, achou mais difícil e chorou copiosamente. A menos que tenha sido rejeitada pelo príncipe William, essa dramaticidade toda realmente não pega bem, apesar de sempre ser mais fácil seguir em frente quando se está usando um sapato especialmente lindo.

Concluir que os convidados também vão ajudá-la a elevar suas expectativas para o evento pode significar que você ficará menos aborrecida quando a puserem sentada ao lado do querido e surdo tio David, já que é a única pessoa para quem ele tem algo a dizer, mesmo que seja apenas "O quê?".

Graças aos cortes numéricos, seu camarada pode ficar restrito a alguém que já está na lista de convidados, e não ser um amigo íntimo.

Mas para a alma solteira é sempre bom ter um, nem que seja apenas para dividir os gastos significativos com esse tipo de evento, desde rachar as contas de gasolina até o quarto no hotel local, citado na folha anexada ao convite que você acabou perdendo junto com o convite. Mas esclareça bem as regras. Uma amiga dividiu o preço de um quarto com uma mulher que mal conhecia, que escandalosamente seduziu o pai (divorciado) da noiva e deixou minha amiga sem cama.

Sempre que possível, reservo um carro para voltar para casa quando a festa acontece num raio de sessenta quilômetros da minha porta, já que custa o mesmo que um hotel barato e significa que vou acordar na minha própria cama e ainda terei o resto do fim de semana para me divertir como bem entender. Se quiser ficar por lá, há sempre alguém suficientemente doido para oferecer o quarto (e o serviço de quarto), e o táxi pode ser atrasado até acabar a diversão.

Procure manter um comportamento quase solene durante a cerimônia de casamento propriamente dita. Se bem que algumas são involuntariamente hilárias. Pesquise antes que tipo de cerimônia vai ser, isto é, quanto tempo vai demorar. Já estive em casamentos que duraram dez minutos, e em outros de duas horas. Esse último foi alegrinho, cheio de palmas, com sintetizadores, baterias e microfones, e o riso se tornou contagiante nos últimos bancos da igreja.

Na recepção, o mantra beba logo no início é uma boa tática. Além de anestesiá-la contra os efeitos de gente em sua mesa perguntando por que você ainda está solteira, a bebida no início do casamento também será sempre melhor do que os restos do final, que talvez você até tenha que pagar. Mas, por favor, lembre-se de ficar sóbria durante a refeição. Perder o controle do corpo, coisa que já vi mulheres solteiras fazendo em casamentos, não é nada bonito, especialmente se foi obrigada a ir sozinha – quem vai cuidar de você? E também contribui para aumentar os cochichos de "pobrezinha".

Se puder, verifique antes a arrumação da mesa da recepção para saber onde vai ficar e não esgotar a conversa com alguém de sua mesa antes mesmo de chegarem lá. É muito ruim trocar os cartões com os nomes nas mesas para melhorar a vizinhança, por mais tentador que seja. Noivazilla terá passado meses planejando a arrumação dos lugares e vai acabar percebendo. Vi uma parente solteira fazer isso certa vez, mas quando ninguém estava olhando, botei tudo de volta no lugar. Surpreendentemente, ela se divertiu muito, mais do que se tivesse sentado perto da aposta segura que tinha escolhido. E além disso, não atropelou a noiva.

O objetivo da sua lista de conversa é manter o papo superficial. Não é o momento para se lançar em qualquer tipo de conversas profundas e significativas. Haverá uma certa quota de convidadas que se concentrará em sua suposta necessidade de pegar o buquê da noiva. Então, antes que elas deflagrem o assunto, distraia a turma falando dos lindos arranjos de flores. No início da cerimônia, descubra algum detalhe que não seja controverso. Os botões do vestido da noiva, por exemplo, o sermão, o esplêndido chapéu da mãe da noiva, as apostas sobre a duração de cada discurso. Seja bem enfática sobre isso o dia inteiro. Pode até continuar no cartão de agradecimento, que deve mandar logo a quem se endividou até as orelhas para pagar pelo champanhe morno e pelo salmão borrachudo.

Pode haver momentos em um casamento em que você se sinta muito solteira e um pouco triste, especialmente se for o de uma irmã mais nova. Não perca seu ponto de vista. Concentre-se nos elementos do filme *Feitiço do tempo*, sempre presentes: as conversas, os parentes implicantes, a comida sem gosto, e isso lhe dará um certo ar de distanciamento e de divertimento durante quase toda a cerimônia. E se tiver que ficar meio deprimida, deve lembrar das taxas de divórcio atuais.

A única coisa boa no casamento de alguém é que deve ser um só (nos segundos, Bunbury é aceito e você pode recusar os convites). E mesmo quando há um excesso deles em certos períodos do ano, são apenas fases. O mesmo não acontece com o Ano-Novo, que parece chegar mais rápido a cada ano que passa e em geral é uma perda de tempo deprimente e cara demais.

Ano-Novo

Há duas maneiras de a mulher solteira enfrentar o mês mais deprimente do ano. (Não aceito nenhum argumento contrário – o clima em janeiro é horrível, é escuro, ninguém tem dinheiro, já que recebeu no início de dezembro e gastou tudo no Natal, e é um mês longo.) Livre-se logo de cara da pressão para encontrar alguém para namorar (pense que, se não arrumar ninguém, correrá menos risco de adoecer, já que há muitos germes flutuando por aí nessa época do ano).

As melhores noites de Ano-Novo acontecem sempre quando você quase esquece de "comemorar" à meia-noite, porque estava se divertindo demais, isto é, esqueceu por que estava ali.

Então, seja brutalmente organizada e faça o que já planejava fazer de qualquer maneira: visite Edimburgo, dê uma festa na casa nova, gaste o salário de um mês num restaurante chique, ou então largue tudo para a última hora e se deixe levar pela maré.

Minha melhor véspera de Ano-Novo foi planejada no próprio dia, quando duas amigas verdadeiras foram passar a noite na minha casa. Bebemos champanhe, comemos coisas gostosas e nos divertimos com filmes *trash* de adolescentes. Ficamos ocupadas demais assistindo ao Keanu Reeves para ver na TV a contagem regressiva no Big Ben. Fomos dormir relativamente cedo e acordamos no dia seguinte sem ressaca e com as carteiras intactas.

O aniversário da mulher solteira

Outro evento que chega com regularidade cada vez mais veloz é o seu aniversário. Você deve estar numa posição em que já entendeu que seu aniversário não lhe pertence. Pertence às outras pessoas e já que você é solteira deve haver muitas em seu mundo, querendo um pedaço de você. O resultado é que pode se tornar um processo trabalhoso para dar certo e vai exigir muito mais atenção do que o tempo de que você dispõe, desde a lista dos convidados, passando pelo local do crime, até o orçamento. No entanto, não é permitido enfiar-se embaixo do edredom e fingir que nada está acontecendo, já que seus amigos vão querer comemorar com você. Só consegui escapar de planejar alguma coisa quando marquei uma cirurgia. Se não quiser recorrer à internação num hospital, sugiro que escolha uma noitada discreta num pub. Certifique-se de que suas amigas verdadeiras estejam presentes, diga a todo o mundo para onde você vai e não espere nada. Não ficará desapontada com bolos e talvez até acabe tendo a melhor noite de sua vida quando centenas de pessoas aparecerem e vocês dançarem até o sol raiar.

A fabulosa liberdade da mulher solteira

Não há nada como o improviso do momento. Neste capítulo não vou defender nem por um minuto que você deva planejar sua vida toda a ponto de não deixar espaço para a espontaneidade, que é a grande vantagem do fato de ser solteira. Você pode simplesmente sair de casa sem avisar ninguém. Bunbury, rotas de fuga e listas de conversa são apenas artifícios para tentar assegurar que tenha bons momentos. O telefone celular existe para você ficar sempre em contato com amigos que estão em outros lugares e podem avisar se você deve aparecer, ou ficar longe, caso a festa deles esteja começando ou acabando. "Mantenha contato pelo rádio" é o mantra que grito com frequência para aqueles que conheço na cidade e fora dela. Costumo enviar espiões na frente e, se o evento estiver bom, eles mandam mensagens de texto. Nove em dez vezes, sapeco um brilho labial e vou juntar-me a eles. É melhor perder horas de sono do que o embalo. Minha avó ficaria orgulhosa (mas tenho certeza de que ela também gostaria se eu aprendesse a usar o forno).

Quanto mais você sai, mais vai sair. Haverá um efeito cascata nos convites. Sua preparação, desde as listas de conversa até o divertido camarada que leva, significa que as pessoas vão querer estar com você. Certas noites pode até ter que estacionar em fila dupla, ou tripla, cheia de compromissos sociais, indo de um para outro como uma linda borboleta. Só que às vezes não será convidada, po**a!, para aquele evento ao qual queria muito ir.

Não convide, po**a!

Não ser convidada, po**a!, não é necessariamente algo que deva levar tão a sério, mas vale pensar um pouco por que isso aconteceu. Ao se colocar no lugar do anfitrião, ou anfitriã, deve haver uma miríade de motivos aceitáveis: pode haver um convidado que vai, mas com quem você não se dá. Os números podem estar certos demais, ou pode até ser que simplesmente se esqueceram de convidá-la. Criar caso por isso só fará com que as pessoas não a convidem, po**a!, mais ainda. Então, não faça isso, a não ser que seja uma provocação leve e bem-humorada, que não deixe espaço para má interpretação.

Se não houver nenhum bom motivo para não incluírem uma fabulosa mulher solteira, há maneiras de conseguir o que quer. Mas use essas táticas com parcimônia, já que, se irritar alguém durante o processo, vai acabar não convidada, po**a!, no futuro.

Uma mulher solteira que conheço, que admite ter um certo grau de alpinista social, não foi convidada, po**a!, para um jantar especialmente poderoso. Ela ligou para a anfitriã e a convidou para um jantar *à deux* num restaurante na mesma noite. A alpinista sabia muito bem que a anfitriã ia dizer que não podia ir porque tinha um jantar e por educação, a convidaria a juntar-se a ela. Esse princípio funciona para a maioria dos eventos, bares ou festas.

Outro motivo importante para você não ser convidada, po**a!, é o espectro do seu ex. O anfitrião pode ser o melhor amigo dele e achar que os dois na mesma sala vai criar constrangimentos. Se isso a deixa louca, já que a última coisa que quer é que tal criatura prejudique seriamente sua vida social, vai ter que respirar fundo e fazer as pazes com a existência dele e seu comportamento passado e presente. Mesmo se estiver chorando por dentro, mantenha sempre a compostura e a dignidade na presença dele, para que todos os que estiverem por perto vejam que você está bem e que não vai estragar as vibrações de uma noite, abrindo a torneirinha.

Dois membros do meu círculo de amigos namoravam há anos até que ele terminou com ela por causa de muita "pressão no trabalho". Essa desculpa manjada provou não ser verdadeira quando ele, de um jeito típico de macho, seguiu sua vida em quinze dias, bem diante do nariz da minha amiga solteira. Ela estava saindo de uma boate às três da madrugada quando ele passou por ela na fila do táxi, enfiou uma mulher num carro e anunciou seu endereço em voz alta. Minha amiga foi para casa, chorou por 24 horas e teve que tomar uma decisão. Ainda queria manter os amigos comuns, e nem todos o sacrificariam por ela, portanto, precisava ter uma atitude adulta. Foi superior a tudo, fez com que a vissem se divertindo na presença dele e de sua nova namorada, só chorando escondido de vez em quando, no ombro das amigas verdadeiras. A nova mulher da vida dele rapidamente se revelou uma caçadora de dotes, todos os amigos a odiaram, o namoro acabou e agora ele pergunta à mulher solteira sobre suas perspectivas amorosas, que são sempre bem superiores às dele. O que dá mais prazer ainda é que os dois agora são mais amigos do que antes de namorarem e quando saem para se divertir, ele lhe paga os drinques em vez de fazer dela a motorista no final de noitada.

Posturas

Mande sempre um cartão de agradecimento, ou até um presente para o anfitrião, ou anfitriã, de qualquer evento. Você pode até encher uma gaveta de presentes com coisas inúteis que recebeu e que pode passar adiante. Mas tome o cuidado de manter o registro da origem desses presentes. Certa vez recebi como agradecimento de uma amiga a caixa de bombons que eu tinha dado a ela um ano antes. Era definitivamente a mesma caixa. A vendedora acidentalmente havia feito uma marca com caneta pilot em cima da etiqueta. Àquela altura, os bombons estavam completamente fora do prazo de validade. Smirnoff, o gato, gostou e comeu tudo, mas os bombons o deixaram mais esquizofrênico do que de costume.

Com esses pequenos passos, os programas serão momentos prazerosos e não provas de resistência. E enquanto você estiver por aí, vivendo e amando a vida, inevitavelmente acabará esbarrando numa nova distração da variedade masculina. Quando menos espera, Objetos em potencial aparecem e querem saber detalhes sobre você. Porque quando patrões, pais, amigos e companheiras de quarto estão sendo bem administrados, você fica feliz, e isso transforma a espécie masculina numa mariposa embriagada em volta da sua chama satisfeita. No melhor estilo mulher solteira, você deve estar preparada, desde ter sempre cartões de visita até aprender como mandar mensagens de texto e ajudar esses Objetos a fazerem seu telefone produzir ruídos. É de tais distrações e ferramentas que vamos tratar agora.

CAPÍTULO 7

Administração das distrações

Parte I – Trabalho de base

Somos todos animais. Todos temos necessidades.

Nossos amigos exigem entretenimento. Seus jogos amorosos cumprirão essa obrigação. O bom sexo acontece quando você está satisfeita com a boa vida que criou para si mesma. Não é nada errado ter uma distração, ou Objeto, desde que a façam sorrir. É claro que existe o perigo de que esses Objetos possam gerar um sentimento que não é nada de satisfação. Aí precisam ser abandonados.

Este capítulo vai se concentrar na identificação de seu alvo e em como criar as bases para um romance. Sua primeira ferramenta nesse processo são as telecomunicações. Elas talvez sejam a ruína na vida da mulher solteira moderna, mas o nome do jogo é dominá-las.

Os primeiros estágios de um envolvimento podem ser comparados, em certo nível, ao processo que enfrenta um técnico esportivo.

Seleção

Existe uma fórmula matemática para determinar a margem de idade socialmente aceitável para sua distração. Para os mais velhos, dobre sua idade e diminua sete. Para os mais jovens, calcule a metade da sua idade e acrescente sete. Assim, se você tem 28 anos, pode chegar até os 49 e os 21. É óbvio que há vários outros fatores, da compatibilidade na cama até projetos de reprodução, mas se você está passando de uma a outra ponta da fórmula, precisa despachar a distração logo, já que é de mau gosto.

Isso não impedirá alguns homens de ter ideias muito estranhas. Um homem com um ano a menos do que meu pai e bem acima do meu máximo deu em cima de mim. Acho que ficarei chocada até morrer. Nesse mesmo esquema, minhas contemporâneas solteiras tiveram garotos com menos de 18 tentando um flerte quando éramos pelo menos dez anos mais velhas do que eles. Abençoados "chaves de cadeia".

Também é recomendável divertir-se com alguém que seja bastante seguro e possa encará-la... e você a ele. Não se trata de classe social, nem de profissão: é uma questão de postura, de atitude. Uma amiga que trabalha no ramo financeiro teve, há pouco tempo, seu mais bem-sucedido relacionamento com um garçom e ator pobre que ela conheceu num show de música. Apesar disso ele é seguro, corresponde bem e os dois trabalham no mesmo horário. Ela tentou namorar um contador com salário semelhante ao dela, mas o expediente dele era o tradicional de nove às cinco e ele ficava carente quando ela ainda estava no escritório, trabalhando, às onze da noite.

Seja honesta com você mesma quanto ao tipo de homem que servirá para você se distrair melhor e da maneira mais justa, mais equilibrada. Certa vez, namorei um homem extremamente bonito e bem-sucedido, um verdadeiro macho alfa, do tipo que podia ter qualquer modelo de perfeição na palma das mãos. Foi uma maldição. Senti que ele não era para o meu bico e ficava preocupada demais com a minha celulite para ser feliz. Por outro lado, ele gastava tempo demais para o meu gosto se enfeitando. Depois disso ele teve um longo relacionamento com uma atriz muito charmosa, enquanto eu julguei mal as coisas e fiquei com um que era exatamente o oposto – um homem de terceira divisão, não muito atraente, que não conseguia corresponder à altura... e era lento para formar frases. Você tem que namorar alguém com quem possa se divertir no mesmo patamar.

Se realmente resolver brincar com fogo e for atrás de algum lendário e incorrigível sedutor, é essencial ter uma visão muito clara de tudo e não se enrolar, tentando fazer com que um caso passageiro dure para sempre. Tenho um relacionamento virtual com um homem que faz aquele macho alfa que descrevi acima parecer um jogador domingueiro de futebol de várzea – na verdade esta distração enfeitou minha parede, posando em repouso para cartazes que arranquei da revista *Just Seventeen* quando era uma adolescente gorda, de sobrancelhas juntas. Correspondendo ao clichê, ele é mais baixo na vida real do que nas telas, mas mesmo assim tinha um indisfarçável magnetismo na noite em que nos conhecemos num bar bem pouco iluminado (graças a Deus, porque ele não teria me dado uma segunda chance à luz do dia, eu estava com um problema de pele).

Mas se você vai paquerar um homem do tipo Jack Nicholson, então precisa adotar uma atitude realista. Não pretendo me apaixonar pelo sr. Alfa Super – querer domesticá-lo seria o mesmo que nunca mais vê-lo –, mas o divertido é a paquera. O primeiro texto que ele me escreveu será sempre o mais excitante de toda a minha vida; gravei-o em três telefones.

Pelo bem do carma, por princípio, escolha apenas machos não comprometidos. Além de alguma outra mulher poder avançar na sua cara-metade em algum momento, se você se habituar a roubar os homens das outras mulheres, e se o seu Objeto é capaz de enganar para ficar com você, se um dia abandonar a outra mulher (pouco provável, se tiver as duas), você nunca saberá com certeza se ele também não vai enganá-la.

É, pode ser tentador... meu homem perfeito, por acaso, é bem casado. Jamais encostarei um dedo nele – sou filha de um divórcio e não serei a causa de outro. Se um homem deseja estar com você, é capaz de mover montanhas por isso.

As emoções são difíceis de explicar. Quem vai saber se o tipo mal-encarado num canto da boate não é seu príncipe encantado? Mas no fundo do seu coração você o reconhece, sabe o que representa. Para uma paquera, nada é melhor do que o entusiasmo do homem mais jovem. Para algo mais estável, o homem um pouco mais velho chamado Neil é o que funciona. Não estou brincando. Ainda vou conhecer um homem chamado Neil que sirva apenas para ser um namorado sem graça, mas confiável. Lembra de *Dirty Dancing – Ritmo quente*? Do baixinho que tinha três hotéis querendo levar Baby para a cama, e que se chamava Neil? Eles fazem um tipo de homem. Pelo mesmo motivo, os Neils também são excelentes advogados e contadores.

Todos os candidatos a distração deviam receber apelidos engraçados como "Trevor" ou "Wayne", para quando você estiver falando deles com suas amigas e amigos. Isso pode ajudá-la a ter uma visão bem clara e impedir que os rapazes a sabotem, coisa que eles sabem fazer bem demais.

Um certo "Nigel" foi terrível comigo, e eu sentia um prazer todo especial toda vez que usava o apelido com minhas amigas – dei-lhe esse apelido que ele detestaria e isso apressou a cura, reduzindo sua importância à de uma pulguinha.

Se as distrações tiverem esses nomes de verdade, pense duas vezes antes de namorá-las. Pode não ser culpa deles, mas seus pais escolheram esses nomes horríveis e, de algum modo, eles devem ter acabado se moldando.

Uma alternativa é batizá-los de acordo com hábitos estranhos. Tive um que chamei de "Garoto que Rosna", porque ele achava que era carinhoso escrever "grrr" quando me mandava mensagens de texto. Não sei como explicar, mas tenho certeza de que algumas pessoas diriam que, de certos ângulos, eu pareço meio canina. Ele merecia o nome. Além de ser extremamente paternalista, só se sentia atraído por mulheres que pesassem menos de cinquenta quilos. Na época eu era assim, mas também estava seriamente doente com um problema de tireoide.

Outra vantagem para esse tipo de apelido é que ajuda os amigos a saberem a quem você está se referindo. Uma amiga tem um "Garoto Pingue-Pongue". Ele pratica esse esporte e participa de competições oficiais, mas sua conversa é tão entediante quanto seu ideal recreativo. Se ela cita o nome verdadeiro, nunca consigo lembrar de qual pretendente está falando.

Quando os espécimes são realmente horríveis, nem nos damos ao trabalho de inventar novos apelidos, repetindo alguns. Por isso tem o "Garoto que Rosna II" e o "Aprendiz de Garoto que Rosna".

No estágio da paquera, antes de se ficar íntimo, quando estamos só colecionando candidatos, é perfeitamente aceitável ter interesse em mais de um – o desafio peso pesado, o lutador peso médio e o insistente peso pluma. Se tiver mais de um candidato a distração, a brincadeira fica muito melhor e mais legal com todos eles, e qualquer rejeição da parte deles vira diversão. E já que está fazendo malabarismos com tantos, você não corre o risco de ficar perseguindo nenhum. É praticamente garantido que você não será a única mulher no radar da distração – estamos falando de homens, e você só estará nivelando o jogo.

Planejamento do jogo

Você está frequentando eventos em grande estilo, como mulher solteira: com listas de conversa, cartões de visita, telefone à mão e um camarada a reboque que desaparece a um mero sinal. Dessa forma, pode-se concluir que está se expondo ao perigo, com a possibilidade de conhecer uma distração em potencial e de trocar detalhes. Você está quase lá.

Pode parecer óbvio, mas é sabido que algumas solteiras que eu conheço viveram uma ilusão quanto a isso: quando identificar um possível Objeto numa reunião, vá se apresentar a ele. Os homens não sabem ler mentes. Uma amiga solteira sempre reclama do fato de ser solteira, mas quando encontra um homem de quem gosta, simplesmente o ignora. Existe a timidez e existe o tiro no pé. Localize um amigo ou amiga comum para fazer as apresentações. Você não precisa tornar óbvio o seu interesse, apenas diga para quem vai apresentar os dois: "Tenho certeza de que já vi aquele homem ali antes, em alguma reunião de trabalho... Como é mesmo o nome dele?" E então, ele ou ela a levará até a distração em potencial do momento. Uma alternativa é segurar o olhar dele um tempo a mais e se ele não se aproximar, esbarre nele mais tarde enquanto comenta bem alto com seu camarada sobre algum assunto inofensivo que ele possa facilmente entrar na conversa. Por exemplo: "Estou com fome" (com bom potencial de duplo sentido), "Isso aqui está lotado hoje", "Não, você não pode de jeito nenhum comparar o desempenho de Daniel Craig, como James Bond, ao de George Lazenby". Depois de feito o primeiro contato, a conversa não é nenhuma ciência espacial. Pergunte por que ele está ali, o que ele faz, examine se tem aliança no dedo. Se tudo estiver fluindo bem, talvez você deva mencionar um filme a que deseja assistir, ou um novo bar que gostaria de conhecer. Abra caminho para ele.

Se ainda não houver sinal da troca de telefones, leve a conversa para o MySpace para ver se ele tem uma página e diga que vocês deviam se conectar como amigos, ou mencione um e-mail engraçado que ele precisa ver e então lhe dê seu cartão. Os homens precisam de um certo estímulo, mas se ele tiver um pouquinho de interesse, morderá a isca e o seu número. Se ele for difícil de engatar no anzol, passe para outro. Você passa bastante tempo no mar e sabe que tem muito peixe por aí.

Trocado algum tipo de mecanismo de contato, vamos para a parte mais complicada do trabalho de base. Agora temos que fazer com que a distração-alvo aceite jogar onde quisermos e no estilo que combina com o nosso jogo. No mundo de hoje, só há uma maneira de fazer isso – por e-mail e por telefone.

Para as irmãs Bennet do passado era fácil. A etiqueta para cortejar uma mulher no século 19 não tinha nenhum dos perigos do uso dos meios de comunicação de hoje. Em outros séculos, o cenário que os protagonistas encaravam era bem menos desafiador. Havia regras simples, preestabelecidas, e praticamente todos se prendiam a elas.

Do ponto de vista da mulher, você podia beber um pouco mais de vinho num banquete de seis pratos e, quando os homens se retirassem, confidenciar a suas amigas, inclusive a uma tia velha e sábia que você sabia que ia manipular a situação até o casamento, sobre seus sentimentos pelo escolhido. Então, flutuaria até sua cama. Na pior das hipóteses, quando lhe tirassem o corpete, você se sentiria suficientemente livre das amarras da etiqueta e escreveria uma carta de amor noturna. Só que ao acordar na manhã seguinte perceberia que era tolice revelar seu jogo de forma tão pouco digna e queimaria a carta.

Nos milênios passados, havia mecanismos naturais de segurança a postos. Se o homem em questão houvesse escrito uma missiva sincera demais depois de abusar um pouco do vinho do Porto, ele também teria a chance de se censurar na manhã seguinte. O resultado seria que a menina dos olhos dele jamais acordaria a seu lado na manhã seguinte depois de ter feito algo que não devia, e ele não correria dois quilômetros na direção oposta, depois que sua sede por aquela mulher sedutora houvesse sido saciada. Por outro lado, esse cenário não existiria se ela houvesse cometido o erro de fornicar com um homem cuja aparência à luz do dia não fosse exatamente misteriosa e sim mal-humorada. Naqueles tempos antigos, havia um ritmo intrinsecamente mais lento de paquera, o que significava que tudo era menos temerário, ou impensado.

Mesmo há vinte anos era mais fácil. E-mails e telefones celulares eram coisas primitivas, misteriosas, que poucos usavam, que dirá de que abusavam. Agora não. O progresso da tecnologia moderna provocou o infeliz efeito colateral de nosso mundo da paquera se transformar em uma batalha rapidíssima e infindável, em que rejeição e romance acontecem numa velocidade que nossos ancestrais jamais tiveram que enfrentar. Foi o último prego no caixão da inocência.

Porque na sociedade atual você sai, consome álcool demais, invariavelmente com o estômago vazio porque ficou trabalhando até tarde, e resolve que ser espontânea é uma jogada inteligente. Com a clareza que só os coquetéis podem nos dar, você escreve uma mensagem de texto ou faz uma ligação. Quando volta da noitada, talvez por ter acesso à internet em casa ou então porque de fato possui um Blackberry, você escreve um e-mail épico, mal escrito e cheio de incorreções gramaticais para o objeto de sua afeição.

O resultado desses tipos de comunicação raramente é uma conclusão fortuita. O pesadelo, muitas vezes previsível, é que o Objeto não reage à sua proposta. Pior ainda, ele conta, na verdade mostra, a epístola a todos os amigos dele. Se fosse ao contrário, você não hesitaria em revelar o conteúdo da comunicação vulgar, não é mesmo?

Por outro lado, ele pode responder à sua mensagem imediatamente, ou até mesmo tomar a iniciativa de escrever um texto ou ligar, e aí você o convida. Na manhã seguinte, você certamente vai acordar com dor de cabeça e insegura, sem saber se era a primeira pessoa na lista dele.

Um endiabrado italiano que eu conheço sempre escreve "*Ciao Bella*" para mim às três da madrugada. Felizmente nunca reagi a suas abordagens. Sempre que troco figurinhas com amigas comuns no dia seguinte, fica claro que ele entrou também em contato com elas. Nós, as solteiras, chegamos à conclusão de que há diferentes padrões em suas investidas e achamos que ele deve ter configurado listas de grupos, que aciona dependendo de seu humor na hora: "Louras", "Morenas" e "Europeias".

Não que a situação atual seja completamente estéril. Usados corretamente, celulares e computadores podem acelerar o molinete e aproximar a presa maravilhosamente bem. Só que é fácil demais estragar mensagens de texto e e-mails, sabotando até o relacionamento mais promissor. Computadores e celulares deviam vir com etiquetas de alarme grudadas: "Este equipamento pode desgraçar sua vida." Se não, deviam ter programas de segurança embutidos, como e-mails para certa pessoa não podem ser enviados sem primeiro ficar 24 horas numa caixa de "pendências" para depois serem mandados a algumas amigas com poder de veto, antes de finalmente seguirem até o destinatário. Mensagens de texto e ligações deviam operar nessa mesma base.

Mas não é assim. E enquanto não for, temos que encarar essa guerra declarada que é a paquera no século 21. Escrevo essas linhas de sabedoria e aviso com a experiência amarga de alguém que já utilizou muito mal essas ferramentas no passado.

O computador

Do ponto de vista pessoal, a encrenca se instalou – de mais de uma maneira – na universidade. Eu tinha o hábito de verificar meus e-mails a caminho do, ou voltando do bar da faculdade, e era até famosa por interromper meus drinques com refrigerante para entrar na internet durante a noite. O resultado foi que essa aluna esperta e ágil entrou numa era de o coração vir à boca ao verificar, com a ressaca do dia seguinte, a pasta de e-mails enviados. Mas e-mails têm sim suas utilidades. Foi durante esse infeliz período na universidade que descobri uma ferramenta desprezível mas essencial para o repertório da paqueradora moderna. O e-mail engraçado ou útil que se repassa e que também é conhecido como "CCO".

O CCO

O Com Cópia Oculta (CCO), com o qual os que recebem um e-mail não sabem para quem mais foi enviado, é uma ferramenta essencial que quase todos os solteiros com acesso a um computador conhecem e que, se não conhecem, deviam conhecer – porque podem ter sido manipulados por alguém, sem saber disso. Não há uma única amiga que nunca tenha usado o CCO em algum momento de sua existência. De fato, o CCO não é mais apenas um modo de botar destinatários ocultos num e-mail, em vez disso passou a ser um motivo para enviar o próprio e-mail.

O CCO normalmente assume a forma de uma mensagem engraçada que é repassada, ou alguma informação importante, como a troca do endereço de e-mail. Meu melhor amigo gay já criou um novo endereço de e-mail só para poder mandar um CCO para alguém especial. Ostensivamente, o CCO impede que algum gaiato "responda para todos" e entupa as caixas de e-mail de todo mundo com papo furado. Mas também é uma desculpa para entrar em contato com alguém indiretamente e dessa forma evita constrangimentos se não houver resposta. Diferente de um e-mail direto, de uma mensagem de texto ou de uma ligação, fica-se muito menos sem graça, já que é socialmente aceitável não responder a um CCO.

Quando envia um e-mail CCO, você está fazendo alguém lembrar da sua existência e:

a) você quer que ele saiba que não faz mal não ter respondido à sua mensagem de texto (ou, que Deus nos livre, à sua ligação);

b) você quer que ele mande mensagem de texto, ou telefone;

c) você está dizendo "o que passou, passou";

d) todas as alternativas acima.

Ficou confusa? Devia mesmo. O CCO trata de mensagens misturadas. Na verdade, pode se tratar de não enviar mensagem subliminar nenhuma e por isso é tão útil. O CCO tornou-se um fenômeno que se alastrou e é um recurso muito mais útil do que um celular. Se preferir, é a moderna flecha do cupido para a mulher que tenta sutilmente encorajar o homem a convidá-la a sair sem ser óbvia demais e sem correr o risco de estragar tudo logo no início. Os homens gostam de caçar, de sentir que estão no controle e podem continuar achando isso se você mandar um CCO para eles. Basta eles saberem que você não rejeita uma abordagem.

Em diversas ocasiões, inclusive com o sr. Alfa Super, cheguei a me dar ao trabalho de fazer com que Objetos me mandassem mensagens de texto com seus endereços de e-mail – quando só tinha os números de seus celulares –, inventando a desculpa de que precisava lhes enviar um e-mail, só para ter essa arma a mais à disposição.

Nesse ponto, é importante anotar alguns avisos sobre essa tática. A primeira coisa é que você deve sempre checar quatro vezes se botou o Objeto (ou Objetos – pode ser divertido enviar o e-mail para todos os homens por quem você sente atração e ver quem responde) na linha de CCO. Meu melhor amigo gay uma vez enviou um CCO para todos os caras de quem gostava ou detestava, só que com seus nomes na linha CC por engano. Nenhuma amiga, nenhum amigo, apenas os caras que todo mundo sabia que ele queria levar para a cama, ou com quem já tinha transado. Foi um tremendo desastre. Meu melhor amigo gay nunca mais transou com nenhum deles e ficou sem poder desfilar pela Old Compton Street no Soho pelo menos uma semana depois dessa humilhação.

Se você conhece os amigos de seu Objeto, inclua todos no CCO, garantindo assim que o e-mail não possa ser considerado calculado demais, caso seu Objeto comente que você mandou um e-mail descaradamente genérico só para ele, do tipo "grave a data" da sua próxima festa sadomasoquista. Você pode até querer chicoteá-lo e adestrá-lo sozinha, mas será um pouco mais sutil se mais gente também for convidada. Lembre que o CCO é para evitar constrangimentos. Você está apenas enviando um e-mail para muitos amigos, e não é, de forma alguma, uma armadilha para amarrá-lo, isso não.

A escolha do conteúdo do e-mail que você vai encaminhar é crucial. Procure enviar alguma coisa engraçada, ou útil, ou que faça parecer que você é muito ocupada, popular ou importante. Se for de um arquivo (a mulher moderna preparada tem uma pasta de e-mails engraçados para momentos como esse), lembre de verificar duas vezes se não mandou o mesmo para eles antes e tire o cabeçalho do remetente anterior. O CCO é pura ilusão e não fica bem se você envia um e-mail de março e hoje é junho do ano seguinte.

Você também pode usar sempre uma "assinatura" padrão para que eles tenham todos os detalhes sobre você. Namorei alguns dos homens que fizeram bom uso dos números que listo sem querer, querendo, no final dos meus e-mails.

A hora do dia para enviar essa mensagem é importantíssima. O intervalo do almoço costuma ser uma boa hora para enviar um CCO, já que é perfeitamente natural que se lembre dos amigos nesse momento. Antes das dez da manhã é premeditado demais e pode ser ignorado, já que ele não terá bebido café suficiente para se aplicar em qualquer outra coisa que não seja trabalho. Nunca mande um CCO depois das sete da noite. A essa hora você deve estar fora de casa se divertindo, namorando, fazendo alguma coisa melhor do que enviando e-mails ridículos para homens. Lembre-se: o CCO é a isca e você precisa manter as aparências.

Claro que há o risco de o cara não responder. Mas se você tomou as providências acima, já deve ter diminuído sua humilhação. Se ele não responder, não corte os pulsos – ele certamente estava muito ocupado. Se realmente estiver interessado, ele vai responder, e alguns e-mails cada vez mais sedutores depois, estará fisgado.

O e-mail direto

Se tiver que mandar um e-mail direto – quando perseguia um homem que não me queria, recorri a essa tática – escreva pouco e bote no meio uma pergunta pertinente que só ele possa responder adequadamente. Por exemplo, alguma coisa na área da experiência profissional, ou o que comprar de aniversário para um grande amigo dos dois.

Uma amiga minha chega a fazer rascunho dos e-mails que envia para seus Objetos, depois manda para eu editar. Tivemos que criar essa regra depois que ela enviou um e-mail para uma paixão antes de saírem pela segunda vez, perguntando se era hora de os pais dos dois se conhecerem. O status de caçadora, além de confirmado, deixou-a a um passo de receber uma ordem judicial proibindo que chegasse perto da caça. Agora, quando ela finalmente manda e-mails, eu estou lá no CCO para ficar a par da situação.

O ponto de interrogação é o indicador-chave da relação das partes quando se comunicam por e-mails diretos. É grosseiro não responder a um e-mail que tenha um ponto de interrogação. A parte mais interessada, a remetente, sabe disso, portanto, vai usar um. Se o destinatário também estiver interessado, vai botar um ponto de interrogação na resposta. Se ele não responder, desista. Das duas, uma: ou ele é incompetente com e-mails e vai ligar para você mais tarde, ou então não quer transar com você.

Um aviso sobre os e-mails diretos. Um famoso playboy recomenda que nunca se deve enviar um e-mail com o título "Oi". Ele estremeceu literalmente ao dizer isso enquanto seus dedos imitavam o gesto de apertar o botão "delete" no teclado. Esse título faz com que ele fique imediatamente com um pé atrás, uma vez que indica que o conteúdo do e-mail será carente, sempre querendo lhe arrancar um programa, ou o status de namorada.

Como acontece com o CCO, escolha bem o momento do e-mail direto. Se sabe que ele estará de ressaca, experimente mandar às onze e meia da manhã – ele estará contando os minutos para a hora de comprar um sanduíche e super a fim de um consolo para sua tremenda dor de cabeça.

Provocação de He-mail

Então você mandou para ele um CCO ou um e-mail direto e ele respondeu (melhor e mais fácil ainda se foi ele que mandou o CCO ou o e-mail direto para você antes, mas os homens modernos são preguiçosos e muitas vezes precisam de um certo estímulo). Uma resposta em poucos minutos é um sinal muito bom, já que representa um convite para provocação de He-mail. Nesse caso não há nada melhor do que a experiência e é difícil apostar. Alguns defendem fazer o papel de difícil e esperar algumas horas antes de responder. Mas uma rápida sucessão de e-mails engraçados e provocantes é capaz de conquistar para você o namoro que está querendo iniciar.

É importante desenvolver uma despedida habitual nos e-mails. A minha costumava ser "Muito carinho", seguido de três beijinhos. Isso assustou e afastou um pretendente que não entendeu que era uma despedida padrão. Agora uso a inicial do meu nome, "I", com um único beijo depois. Se puser apenas beijos, e muitos, é porque se trata de alguém de quem eu gosto. Se estou preocupada e não quero animar alguém que não me atrai, tiro os beijos completamente.

Escolha o tom da sua despedida pelo comportamento dele. Se ele capricha na tecla "X" (símbolo de beijo, em inglês) e você gosta mesmo dele, pode usar isso também, mas cuidado para enviar sempre menos beijos, nunca mais. Se quiser manter um homem das cavernas interessado, ele precisa operar sob a impressão de que é ele quem está perseguindo.

Lembre que e-mails podem ser reencaminhados e gravados. Pergunte só a Claire Swire, a pobre mulher que mandou um e-mail para seu Objeto com a descrição gráfica do quanto tinha gostado de um interlúdio íntimo com ele. Sua mensagem acabou percorrendo o mundo inteiro feito fogo de palha. Falar de sexo num e-mail pode ser incrivelmente excitante, mas aí você passará a vida com medo. Sempre.

Alguns sistemas de computador e sites da internet têm Instant Messenger (bate-papo) nos quais você pode ver quem está on-line e se conectar no mesmo instante. Isso faz aparecer uma mensagem na tela de todos. Esses bate-papos são invenções terríveis, a não ser que você tenha um namorado e esteja fazendo sexo pelas mensagens instantâneas. Se não, não há nada de bom nisso. Sempre pegam você bem na hora em que está ocupadíssima no trabalho. Nunca, jamais, em tempo algum, inicie contato com um homem no bate-papo. Os homens realmente têm cabeça de uma pista só e conseguem apenas fazer uma coisa de cada vez, por isso imagine como ele vai se sentir se estiver no meio de algo vital. Eu consigo fazer várias coisas ao mesmo tempo e chego até a me distrair. Mensagens instantâneas são inadequadas. Um homem adorável com quem eu não combinava (ele não queria acreditar que eu não compartilhava sua ambição de se mudar de Londres para um lugar onde se cultivam repolhos) declarou amor eterno pelo bate-papo. Eu me vi em meio a uma conversa instantânea que ele havia começado e na qual não queria me envolver porque estava toda atrapalhada com minha declaração de renda. Ele podia ver que eu estava on-line, eu não podia ir a lugar nenhum. Depois de um silêncio de pânico on-line, resolvi optar por achar graça de tudo, tratando a declaração como piada e quase poupando a todos do vexame. Até que um integrante do departamento de TI da empresa dele, que estivera monitorando toda a conversa, resolveu divulgar a transcrição por toda a firma. Típico amor dos tempos de Big Brother.

Rejeitando machos indesejados

Alguns machos precisam entender o recado de que você simplesmente não está interessada. Procure não recorrer à grosseria, a menos que não tenha outro jeito. Pense em como se sentiria se estivesse no lugar deles, e trate-os como gostaria de ser tratada. Lembre também que essas caçadas têm um objetivo: todos nós precisamos dos rapazes que inflam nossos egos – eles ajudam a negar a variedade que espanca os egos.

As regras para livrar-se desses homens são simples. Inverta as dicas acima. Nunca mande CCO para ele; nunca responda se ele enviar um para você. E se ele mandar um e-mail com uma pergunta, apesar de ser boa educação responder, deixe para enviar a resposta dias depois e não inclua nenhuma pergunta em seu texto. Se ele a chamar num bate-papo instantâneo, diga que sente muito, mas que está ocupadíssima e tem que ir. E feche a janela do bate-papo. Com o tempo ele acabará entendendo. Se não, é fim de papo.

A internet

Esqueça que é uma ferramenta de busca para cientistas. A internet evidentemente foi criada para investigar conquistas potenciais e, se você tiver sorte, as suas estarão em algumas listagens do ciberespaço. A paqueradora eficiente usará ferramentas como o Google, MySpace, Facebook e a SmallWorld. Esses recursos podem ser tremendamente úteis, não só quando souber as perguntas certas que deve fazer, mas também quando você avalia até que ponto deve levar o seu interesse, por exemplo, em investir no crescimento de negócios ecologicamente corretos. Também podem ajudar a determinar se vale ou não a pena perder tempo com candidatos a distração, que talvez revelem esqueletos no armário ou compromissos atuais.

Certa vez, quando estava caçando com meu melhor amigo gay, conhecemos um homem lindo, o único pelo qual competimos. Nós dois empinamos o peito, jogamos os ombros para trás e pulamos em cima dele, babando tanto que poças de saliva se formaram a nossos pés. Venci a batalha e o homem em questão passou quatro semanas tentando descobrir o número do meu telefone – tive que deixar que partisse sem lhe dar meu número porque os pais do cara se materializaram de repente a seu lado. Numa crise de ciúmes, meu melhor amigo gay resolveu me provocar dizendo que o cara lindo era anos mais novo do que eu, que eu estava me aventurando no território da pervertedora de menores e não numa brincadeira com rapazes, porque afinal ele estava com a mãe. Depois de uma pesquisa no Google e de alguma aritmética mental, descobri que meu novo Objeto era, na verdade, treze meses mais velho e que eu tinha todo o direito de namorá-lo.

A busca de imagens no Google também pode ser valiosa quando você os conhece meio alta, numa sala escura. Graças à explosão do MySpace e similares, muitos homens têm fotos e até blogs on-line. Mas é importante lembrar que informações tiradas de uma busca na rede podem não ser corretas. Um de meus confidentes tem o mesmo nome de um astro de filmes pornô. Embora famoso por sua promiscuidade no passado, e apesar de os amigos acharem que ele não seria incapaz de filmar em vídeo suas atividades noturnas, não é o meu amigo. Se me procurar no Google aparece um monte de informações incorretas (minha editora ficou preocupada quando disseram em algum lugar que eu tinha sete anos de idade – estavam assinando contrato com uma criança?), para não falar de algumas fotos bem estranhas.

Não cai bem revelar que você andou pesquisando no Google. Nunca. Fazer pesquisa de um candidato na internet é um pouco como o CCO – todo mundo sabe que está lá, todo mundo faz, mas ninguém admite. Meu melhor amigo gay se deu mal uma vez, quando demonstrou estar tão bem informado sobre o namorado que o Objeto percebeu que tinha sido procurado no Google, desconfiou que estava saindo com um tarado obsessivo e saiu rapidamente de fininho do salão onde acontecia o coquetel. Lembre que você não deve conhecer essas informações – deixe que eles contem. A pesquisa na internet deve apenas permitir que você faça uma ótima lista de conversa, que, com sorte, você nem vai precisar, já que vocês dois vão se dar bem como Johnny e Baby depois que ele a tira do canto no filme *Dirty Dancing – Ritmo quente*.

A internet tem, é claro, opções mais transparentes. Ter um caso de amor on-line com alguém que você conhece num blog, ou num site de relacionamentos. Desconfio profundamente de começar um relacionamento com alguém que não conheci pessoalmente. Sim, os computadores podem ser usados para facilitar namoros, mas segundo as minhas experiências, descritas no Capítulo 5, ajuda muito saber antes como é o cara na vida real. Ninguém vai ser sincero quando fizer sua própria descrição por escrito. De repente, eles aparecem perfeitos e qualquer foto que escolham terá pouca luz e terá passado pelo photoshop para parecer que estão mais para Leonardo DiCaprio do que para Lawrence Llewellyn-Bowen. Namorar um teclado é esquisito. E se for conhecer seu amor virtual pessoalmente, leve alguém para defendê-la e deixe o celular à mão.

O telefone celular

Freud precisaria de décadas para analisar o caos que esse pequeno aparelho provocou em nossa sociedade. Meu celular é meu contato com todos: meu trabalho, minha família, meu amigo, meu amante e, quando o Objeto não se comunica, meu inimigo. Não há como negar: tenho um relacionamento com meu telefone celular. Sem ele, sinto-me nua, exposta, incompleta. O trauma causado pela perda do celular – os números, mensagens de texto e fotos perdidos – é um pesadelo que não gosto nem de pensar.

Quando vou fazer meu *upgrade* anual é sempre uma decisão importantíssima saber qual será o novo modelo. Há ainda o processo de limpeza – só um certo número de nomes e textos podem ser transferidos do meu SIM card para o novo celular. De contatos de trabalho aos namorados... quem fica, quem sai? Que textos vou descartar? Que amantes vou finalmente apagar? Mudar de celular me faz refletir sobre a vida, mais do que os aniversários. O celular tornou-se a versão pessoal moderna de um diário, onde se guardam segredos pecaminosos e assuntos mundanos. (As caras-metades desconfiadas não precisam mais investigar o diário, só o telefone.) Para todas as mulheres solteiras, o telefone é o ponto de contato mais íntimo com o Objeto, fora estar em sua presença. É onde seus textos carinhosos são guardados, onde as ligações dele às três da manhã aparecem em "registros de chamadas".

O jogo do celular é um território de muito investimento e como tal as apostas são altamente especulativas e há o risco sempre presente de se perder tudo. Mas há algumas coisas que você pode fazer para minimizar a ameaça de ter que se declarar falida no amor.

Um procedimento inicial a implementar em seu celular é organizar o caderno de endereços. Certifique-se de que os telefones de seus ex, ou de interesses atuais não aparecem como o primeiro número em sua seção de Contatos, nem estão guardados perto dos números de táxi e de melhores amigos. Como diz um conhecido meu, típico sedutor: "Todo mundo precisa de um Aardvark." Acidentes acabam acontecendo. Quase todo mundo tem uma história triste que resultou de uma listagem ineficiente. Uma amiga estava indo muito bem no esquema de ignorar um homem que não era bom para ela. Conseguiu não contatá-lo semanas a fio e não atendeu a nenhuma de suas tentativas de se comunicar, até que um dia deixou o celular cair sem querer e o aparelho ligou para o primeiro nome da lista de números: o dele. Foi uma catástrofe. Ela acabou voltando com o cara e teve um rompimento bem mais traumático alguns meses mais tarde.

Depois de guardar o número de um Objeto num lugar seguro, você deve escolher um toque para ele e tons de mensagens (mas lembre de deixar o aparelho só vibrando quando estiver com pessoas que possam contar para ele ou, com toda razão, morrer de rir). Já devolvi celulares quando descobri que não tinham essas funções. Poupa a infinita agonia de esperar que seja ele quando seu telefone emite um barulho, só para depois descobrir que é apenas algo sem importância, como seu gerente de banco querendo saber se você realmente fez uma enorme compra numa loja de sapatos.

São maneiras de tornar essa ferramenta compulsória de paquera mais suportável. Como o computador, o celular pode ser manipulado para ajudar o predador a prender sua presa. Mas é difícil comandar essa arma e nem mesmo os mestres do celular acertam o tempo todo. Mesmo sabendo que não devemos beber e digitar, acidentes podem e costumam acontecer.

A mensagem de texto

Há dois tipos de pessoas no mundo. As que quase sempre respondem imediatamente a todas as mensagens de texto (eu) e aquelas que não fazem isso (a maioria da população, ao que parece). Você vai descobrir logo de que tipo é o seu Objeto e deve adaptar seu comportamento de acordo. Mas existem algumas regras de ouro no jogo da mensagem de texto.

- Procure não ser a última a enviar mensagem de texto. Isso não fica bem. O velho ditado "deixe um gostinho de quero mais" é bem verdadeiro. Se for inevitável, que seja, mas lembre que pega muito mal se foi você quem começou o papo por texto.

- Não mande dois textos seguidos – por isso não seja a última e depois a primeira a mandar um texto de novo, com um novo assunto, a menos que haja um motivo muito bom para isso. Querer saber como ele está ou contar que está com saudade não são motivos suficientes. Se ficar tentada a duplicar a mensagem de texto, por favor ligue primeiro para suas amigas e consulte-as. Depois contenha-se.

- Como nos e-mails, beijos em textos, são um campo minado. Se estiver em dúvida, ponha uma carinha sorridente em vez de um beijo. Ou então deixe sem. Se ele puser dois beijos, significa que você está na jogada.

- Letras maiúsculas significam gritos. Use as minúsculas a não ser que esteja brincando ou furiosa de verdade.

- Como nos e-mails, se quiser uma resposta para sua mensagem de texto, ponha um ponto de interrogação, senão os destinatários são capazes de ignorar. Se eles não responderem nem assim, não será um desastre se são do tipo que nunca respondem um texto. Mas não vai ser nada bom se normalmente tiverem polegares ágeis.

- Se você souber que vai querer mandar mensagem de texto para o Objeto e se for importantíssimo não fazer isso de jeito nenhum, conte para algumas amigas e envie mensagens de texto para elas sempre que sentir uma necessidade insuportável de fazer contato com ele. Às vezes é só uma questão de manter seus dedos e o celular ocupados para evitar erros de comunicação. Se for preciso, dê seu celular para alguém guardar até o momento passar. Ou escreva o número do Objeto e apague do seu celular. Se tiver que localizá-lo e digitar o número, fará com que pense duas vezes antes de digitar uma mensagem.

Em geral, procuro não enviar mensagens de texto de dia, de segunda a sexta. Há sempre os e-mails, que são menos invasivos e permissíveis (em certas horas, veja anteriormente) em horário de trabalho. Se um cara estiver na onda do empenho profissional, não vai gostar nada de ser interrompido. Se tiver que enviar um texto de dia, não espere resposta imediata e procure deixar passar pelo menos uns dez minutos antes de responder, caso ele envie um para você – você tem coisas de muito mais peso a fazer.

Mas depois das seis da tarde, a coisa muda completamente de figura. As respostas podem ser imediatas – é a troca rápida da paquera. Existem algumas táticas para o horário da noite, mas estamos numa competição arriscada, de tudo ou nada, com uma possível humilhação espreitando na esquina, a qualquer movimento que faça.

Há o equivalente do CCO para o celular. É o texto em grupo, quando se envia a mesma mensagem de texto para vários contatos. Esse recurso deve ser usado com parcimônia: só se você não tiver o endereço de e-mail dele, ou se for no Ano-Novo, quando ninguém atraente tem acesso a e-mails. Diferente do CCO, suas opções de texto em grupo são muito limitadas. "Feliz Ano-Novo", tudo bem. Enviar por texto seu programa de aniversário, também. Já fui capaz de um "quem está a fim de brincar esta noite?", mas francamente foi muito embaraçoso. Funcionou, mas a vergonha durou mais tempo do que a união.

Sou fã da cura pelo texto – um bilhete rápido para fazer um relacionamento voltar aos trilhos, seja de uma amiga ameaçada por uma transa acidental, ou uma discussão pela qual você tem que se desculpar. Sempre envio essas comunicações no início da noite ou nos fins de semana, numa hora em que o destinatário sabe que eu devo estar sóbria e que, na verdade, não significam nenhum tipo velado de pretexto para ir para a cama.

Para resolver a situação com um Objeto, um texto simpático sobre a ressaca dele, um dia depois de vê-lo badalando e sabendo que vai se sentir mal, pode operar milagres. Os homens gostam dessa empatia, por isso, se estiverem sofrendo com uma gripe, também chamada de nariz escorrendo, um texto desejando melhoras sem dúvida agitará polegares satisfeitos.

Há também a estratégia de enviar um texto por engano para alguém de propósito. Você e suas amigas sabem que você jamais enviaria um texto por engano, já que arrumou suas listas no celular para isso não acontecer. Mas seu mais recente Objeto não sabe. Então, pode escrever um texto em que pareça ocupada e requisitada, por exemplo: "Desculpe, estou atrasada, mas estarei logo aí... x", e mandar para ele. Se ele responder, peça desculpas e diga que, na pressa, lhe enviou a mensagem de texto em vez de para o amigo ou amiga que fica logo acima dele em sua lista. Esse é um truque comum para um amigo gay, e produz resultados excelentes. Mas use com moderação, já que é meio óbvio.

Agora, vamos entrar numa zona de alto risco: o convite insinuante por texto, a mensagem de emergência, tarde da noite, para seu Objeto. Se você vai mandar esse convite por texto tarde da noite, tente ser relativamente sutil (tão sutil quanto um texto enviado depois da meia-noite pode ser) para evitar humilhações no dia seguinte, na semana seguinte, no ano seguinte, a vida inteira. Talvez você o tenha visto na balada, ou saiba que ele vai sair, nesse caso – desde que ele saiba que você não colocou o alarme para acordá-la à meia-noite e enviar a mensagem de texto especialmente, e acredite que você também está na balada – "Espero que não tenha dor de cabeça amanhã, x" é um texto relativamente seguro. Isso dá a ele uma janela de oportunidade para entrar em contato às 3h da manhã, dizendo que quer ir à sua casa para alguma atividade noturna. Se isso não acontecer, ele ficará apenas com dor de cabeça no dia seguinte e uma mensagem simpática. "Quero você agora, meninão" não funciona tão bem se ele acordou ao lado de outra mulher, sentindo-se péssimo, mas, ao mesmo tempo, muito satisfeito consigo mesmo. Só vai servir para inflar-lhe o ego ainda mais, mesmo se certa parte de sua anatomia estiver temporariamente murcha.

Celulares 3G são invenções horrorosas: os contras superam de longe os prós. Por favor, procure não enviar fotos ou vídeos de você nua. Ele perderá o celular, porque os amigos vão roubá-lo, ou então mostrará a eles suas fotos do mesmo jeito. Pergunte só a Charlotte Church sobre o celular roubado de Gavin Henson.

Esperamos que você passe logo da corrida de obstáculos que são as mensagens de texto. Se um homem quiser levar um relacionamento o tempo todo pelos meios virtuais e raramente a vê, então ele é só texto, sem calça e esse pequeno titilador de clit tem que ser descartado. Verdadeiros romances exigem troca de fluidos corporais.

Telefonemas

Se não tiverem um relacionamento sério, não ligue. Tal como fazer churrasco, é uma das poucas funções que restam à espécie masculina e é errado privá-los disso. Para as mulheres, bastam as mensagens de texto. De qualquer modo, elas costumam ser inúteis para os homens ao telefone. Segundo um macho predador, as mulheres nunca deviam deixar mensagens de voz, ficam nervosas e se humilham. E não há mesmo necessidade de deixar recado – se você ligar, ele verá "chamadas perdidas", o equivalente moderno do cartão de visitas. Se ele não ligar de volta, está selecionando chamadas. Entenda a indireta.

Lembre sempre que, se um homem a quiser, vai dar um jeito de estar com você. Se não mandar e-mail, mensagem de texto, nem ligar, é porque seu computador ou celular devem estar enguiçados, ou foram roubados. Ele também pode estar na Suíça, onde, graças ao código de telefones, textos e ligações amorosas podem terminar no lugar errado se você estiver usando um celular da Inglaterra. Um homem que conheço quase deu o fora na mulher porque ligou para ela da montanha e atendeu um homem – acontece que ele havia esquecido de acrescentar o código da Inglaterra e acabou ligando para um suíço qualquer. Mas se um homem a deseja e um tipo de comunicação falha, em certo ponto, no futuro próximo, ele tentará outro. Se tiver um bom potencial, o encontro entre vocês não deve ser tão difícil. E assim seguimos para o próximo passo. O namoro.

CAPÍTULO 8

Administração das distrações

Parte 2 – Namorar, beijar etc.

As deliberações preliminares acabaram, você já fez sua escolha. Agora é hora do jogo propriamente dito.

Em todos os estágios tenha sempre em mente o motivo que a leva a enfrentar esses encontros que às vezes são exaustivos: diversão. Por mais duro que possa ser lá no campo, você está lá por causa do prazer que suas amigas terão com o relato no dia seguinte e das anedotas que vai oferecer às pessoas, graças a esse encontro. E pode até trocar uns beijos.

Este capítulo trata da interação física com suas distrações, desde as saídas até a troca de fluidos corporais. Você tem que se concentrar o tempo todo em uma palavra: diversão. Porque se a convivência que está tendo com seu Objeto não traz um *frisson* de diversão, perde o sentido. Esses momentos iniciais com ele (ou ela, falamos também de bissexualidade) devem ser um estágio delicioso – se não forem, você precisa se safar e recomeçar o processo de seleção o mais rápido possível.

O namoro

A proposta

Uma distração de verdade é aquela que você vê pessoalmente, que você namora. Bem, "namoro" aqui é um termo vago, informal e extra-oficial. Vocês podem estar apenas se encontrando na casa de um e de outro, ou você pode levitar com seus sapatos Jimmy Choo (um presente pré-encontro, claro) e estar numa gôndola veneziana. Mas se algum, ou todos, os exemplos a seguir acontecerem – você está sozinha com um cara de quem gosta, raspa as pernas, usa calcinha e sutiã combinando, arruma seu apartamento para ficar à prova de homens e avisa às amigas que o encontro vai acontecer – vamos chamar isso de encontro.

A definição de encontro pode abranger muita coisa, mas não tudo. Se a sua distração leva amigos para conversar e a ignora é porque não está interessado. Certa vez fui ao que pensei que ia ser um jantar romântico, mas em vez disso esbarramos em dois amigos do meu Objeto e ele insistiu para que os dois sentassem conosco. Esse método nada sutil e pesado de proteção não teve classe nenhuma, mas, na época, mal tínhamos saído da adolescência. Depois conheci homens que executam essa manobra com um pouco mais de estilo, mas que fazem isso, de qualquer maneira. O outro cenário para o qual você deve estar prevenida é qualquer encontro que ocorra com seu Objeto entre dez da noite e três da madrugada. Mais de um sujeito extremamente desejável que conheci segue a crença de que qualquer paquera com qualquer mulher que aconteça nesse espaço de tempo não conta. E você não vai querer ser uma delas – você conta, e muito.

Pode haver certas tendências que não combinem com você e nesse caso sua posição deve ser estabelecida logo no início. Homens que cheiram cocaína para mim são broxantes (além de qualquer outra coisa, homens que aspiram nunca conseguem se aprumar quando você quer). Por isso nos primeiros minutos depois de conhecer alguém com potencial, já contei uma história engraçada que afirma minha posição bem claramente. É triste mas é verdade que para a maioria das minhas amigas solteiras mais de um relacionamento deu errado porque o homem já estava em outra, com substâncias demais.

Por outro lado, parece haver um número crescente de homens que são completamente abstêmios, por assim dizer. Recentemente fui a um jantar de solteiros no qual nenhum dos homens bebia, mas todas as mulheres o faziam (com moderação, mas de repente nos sentimos as mais festeiras do planeta... ou que estávamos em Los Angeles). Desconfie dos extremos. A abstinência pode simplesmente indicar que sua distração está dirigindo, o que, claro, significa que precisa se conter. Ele pode ser maníaco por saúde e nesse caso seria bom se você fosse também. E também pode acontecer de estar se recuperando do vício de algo um pouco mais potente do que um moccachino sem açúcar. Dos quatro homens que estavam nesse jantar, só um ia dirigir. O resto tinha problemas. Esses vícios devem ser notados e bem pensados desde o início para você nem chegar a botar o dedo do pé na água se achar que a correnteza é forte demais.

Depois de resolver quem é seu alvo, surgirá casualmente a ideia (vamos falar sério, será provavelmente arquitetada), por mensagem de texto, e-mail, ou até numa conversa, de você se encontrar com seu Objeto e de fazerem alguma coisa. Às vezes você aceita marcar um encontro com alguém que não é necessariamente a sua ideia de um homem ideal. Talvez tenha resolvido finalmente combinar um encontro de misericórdia, de um homem que a perseguiu tanto, fez os amigos comuns implorarem por ele a tal ponto que se tornou grosseiro não lhe dar esta chance. Ou então, pode ser acidental: já combinei sem querer um encontro pelo Messenger porque estava concentrada no trabalho e não na conversa virtual. Qualquer que seja o caso, a seguir dou sugestões para lidar com esses cenários.

Um aviso para as que são dadas a não sair de casa se o horroróscopo enviado para seu celular como mensagem de texto diz que o dia não será auspicioso. Na correria para se preparar para o encontro, sei que é tentador dar uma espiada nos signos dos dois, o seu e o dele, em cada revista que encontra pelo caminho, enquanto você está na fila do caixa do supermercado. Só que a única utilidade disso é fazer você ter vontade de cortar os pulsos. Contrariando tudo em que acreditava, uma solteira que conheço, seguiu ao pé da letra um horroróscopo que dizia que ela se apaixonaria por alguém que ia encontrar perto de uma porta vermelha. Ela estava numa festa e a porta da casa era vermelha. Um homem a convidou para sair e ela aceitou. Conhecidos comuns ficaram pasmos. Ele tinha fama de ser o cara mais chato do planeta, e ela era a mais interessante e animada. No primeiro encontro, o Chato de Galochas fez jus à reputação e obrigou a Srta. Interessante a ver umas duzentas fotos de suas férias, para depois pedir que ela escolhesse suas três preferidas. Não houve um segundo encontro, mas ele levou meses para entender o recado, ficou enviando um monte de e-mails com "oi" no assunto. Depois das lições aprendidas no Capítulo 7, sinto aqui um estremecimento coletivo das mulheres solteiras.

O cenário

A espécie masculina ainda gosta de operar sob o equívoco de que são eles que estão no comando quando se trata dos preparativos de um encontro amoroso, mesmo quando não são. Então, deixe que pensem. Ao selecionar o programa, deixe que ele dê sugestões, mas, se for necessário, leve-o para onde você achar mais aceitável.

Se o encontro foi marcado sob coerção, ou acidentalmente, então combine algo à luz do dia, um almoço ou um café. Jantar a dois num famoso restaurante romântico ainda não é o que o médico receitou, se é que será um dia. Se por algum milagre você e seu companheiro se derem bem, você pode promover o encontro seguinte para um lugar melhor. Mas, por enquanto, se suspeitar que o homem é do tipo cujo papo vai durar um almoço, deixe assim. Quando o garçom vê um casal jantando, conclui que os dois querem ficar ali por um tempo e torna o serviço mais lento. Isso não é o ideal. Não haverá esse tipo de erro antes da seis da tarde; você chega e sai em menos de uma hora.

Para um projeto um pouquinho melhor, por quem você ainda esteja indecisa, encontrem-se para beber. Se os dois se entenderem maravilhosamente bem, podem emendar o jantar. Se não, você pode ir ao encontro de Bunbury. Em todos os primeiros encontros, até saber com que tipo de distração está lidando, faça com que ele conheça tudo sobre o/a infeliz Bunbury e a necessidade de dedicar seu tempo a ele/ela. Bunbury sempre pode cancelar no meio da noite (você terá instruído amigas para enviar mensagens de texto nos momentos oportunos), de modo que de repente você fica sem saber o que fazer e sua distração pode salvá-la do problema de ter um vazio em sua agenda social, como um cavaleiro de armadura que leva a dama para jantar.

O comportamento de sua distração durante a fase de preparativos para o encontro dará boas pistas sobre ele. Se assumir o controle, ouvir suas preferências e depois organizar algo maravilhoso, tendo pensado em tudo, então ele deve ser alguém com quem você vai querer ficar algum tempo. Se ficar indeciso e escolher um lugar que serve comida que não destoaria de um concurso de pratos "exóticos", esse início não é nada bom. Embora seu instinto inicial possa ser cancelar o encontro de uma vez, lembre que só depois de realmente passar algum tempo com ele é que poderá ter certeza de como as coisas vão rolar. Uma jogadora justa deve dar ao Objeto a chance de jogar. Minha melhor amiga teve um namorado que sugeriu um boliche como lugar para o primeiro encontro. Além de ser o tipo de atividade que ela detesta, ter que ouvir a plateia não é sua praia. Ela gosta de ser entretida, não de ser o entretenimento. E também odiou a tática pela qual confiscam seus sapatos para você não poder fugir. Mas antes que ela escapasse desse encontro, um namorado platônico observou que pelo menos ele tinha demonstrado iniciativa, não havia sugerido uma cerveja e um pacote de batata frita no bar local, nem delegado os preparativos para ela. Minha melhor amiga, então, sugeriu taticamente uma atividade mais ao seu gosto – um piquenique – e o amor quase desabrochou em meio a pássaros e abelhas, até esses dois tipos de vida selvagem se apaixonarem demais pela comida que havia sido levada, fazendo com que aquele pássaro e aquela abelha tivessem que se refugiar... no bar mais próximo.

Se a escolha do lugar está nas suas mãos, não é recomendável marcar os primeiros encontros com seu Objeto em algum lugar que você costuma frequentar com os amigos. Se tudo acabar se deteriorando, você nunca mais vai poder voltar para seu pub/bar/restaurante preferido, com medo de dar de cara com ele. Porque naturalmente seu gosto é tão bom que ele vai tentar roubar seu território. No início da minha carreira de namoros, fui bem inconsequente e fiz isso. Depois acabei esbarrando com o homem tantas vezes que tive de mudar de playground.

A produção

Depois de escolhido o lugar, é hora de se produzir de acordo. Partidas de futebol não exigem bolsas Fendi, a menos que seu par seja Roman Abramovich, ou alguém que trabalhe na "indústria" do futebol.

Tive sorte certa vez em ser convidada por alguém do meio para uma partida, e ele gentilmente informou que íamos ficar na cabine do diretor e que o traje lá dentro era um pouco diferente. Infelizmente para ele, usei um episódio de *Footballers' Wives* (Mulheres de jogadores) como ponto de referência. Não sei se ele jamais se recuperou do constrangimento de chegar ao estádio com uma mulher cuja pele tinha um tom de laranja igual ao dos uniformes de linhas aéreas de terceira categoria.

A roupa do Objeto é igualmente significativa. Um homem pode ser exageradamente metrossexual. Ter uma distração que passa mais tempo e gasta mais dinheiro comprando sapatos do que você é muito irritante. Pelo mesmo motivo, um retrossexual, aquele que parece um tipo pré-histórico das cavernas e se orgulha demais de andar mal-ajambrado e de não ser asseado, também pode ser muito desagradável.

Uma amiga advogada solteira convidou um Objeto para a festa de Natal de um de seus clientes, uma companhia de petróleo. Num esforço para defender o meio ambiente, o moderninho e vegetariano convicto (a não ser quando estava de ressaca e cheirava a toucinho frito) resolveu aparecer com a barba por fazer, de sapato de plástico e um casaco felpudo fedorento que ela achava que um dia tinha sido mostarda e que agora era marrom-cocô. Minha amiga teve que dar o fora nele na porta de casa e chamar seu melhor amigo gay para socorrê-la, vestido e calçado como um bom camarada.

O papo

Sua lista de conversa certamente contém perguntas pertinentes para fazer a seu Objeto, já que é útil conhecer suas opiniões e avaliar se vale a pena gastar mais tempo com ele, ou não. Como os homens adoram falar de si mesmos, isso não deve ser nada difícil para eles, mas talvez seja para você.

Uma mulher solteira teve que aguentar um jantar de três horas, em que a distração passou o tempo todo falando de si mesmo. No final da noite, ele ainda não sabia o que minha amiga fazia para ganhar a vida. Para encerrar com fecho de ouro, ele escolheu um restaurante caríssimo e depois de pedir o champanhe e o vinho mais caros do cardápio, ainda fez minha amiga pagar a metade. Aos 22 anos, ela não tinha esse dinheiro. Ficou furiosa. Tempos depois, no coquetel de uma firma de advocacia, ela conheceu o patrão dele, que lhe pediu opinião sobre o cara. Ela entregou a capacidade dele em ser mão fechada. Foi a gota d'água para ele ser demitido.

Descubra quais são as atividades e os interesses de seu Objeto com antecedência. Uma mulher solteira está se divertindo muito com um alpinista de encostas, já que ela também gosta de escalar o Snowdon nos fins de semana. É claro que vocês não são obrigados a compartilhar todos os passatempos. É saudável ter *hobbies* diferentes. Mas ter alguns em comum ajuda.

Fico feliz com um homem apaixonado por futebol, desde que ele aceite a combinação de que, enquanto ele observa homens se abraçando num sábado, eu vá me divertir com minhas amigas. Ideias semelhantes sobre algumas coisas são úteis. Mas se a ideia dele de aproveitar o domingo é correr uma maratona enquanto seu passatempo preferido é sexo, essas visões diferentes podem ser intransponíveis.

Sua lista de conversa também deve combinar com o local do encontro. Ligue para um amigo que sabe das coisas se o Objeto vai levá-la a um lugar que envolve uma atividade que ele conhece muito. Nunca finja que é uma especialista para seu alvo. Eles gostam de desempenhar esse papel. Mas seu amigo pode indicar boas perguntas para fazer. Pesquisa pode ajudar, mas desconfie de qualquer coisa que não ouça diretamente de alguém.

Um homem maravilhoso uma vez sugeriu um encontro no cinema e eu aceitei logo. Ele deixou que eu escolhesse o filme. Eu tinha visto no Google que ele trabalhava com filmes institucionais de arte, então escolhi um desses. Entendi tudo errado. Minha fonte se enganou e eu tive que acordar a distração na metade do filme porque ele roncava alto demais. Saímos antes de terminar e eu admiti que estava apenas tentando impressioná-lo com minhas preferências culturais (obviamente não podia revelar o verdadeiro motivo, a investigação cibernética). Com uma garrafa de vinho, acabamos descobrindo que somos ambos cinéfilos comuns, que preferem os filmes comerciais do tipo Bond.

Há alguns tópicos seguros e gerais para lubrificar as engrenagens da conversa se você esgotar sua pesquisa, ou se ela estiver incorreta. Férias são sempre um assunto que anima o papo. Em geral, as pessoas estão precisando, acabaram de voltar delas, ou estão planejando alguma coisa para as próximas. Isso também pode ajudá-la a estabelecer se vocês são remotamente compatíveis. Um namorado em potencial nem se deu ao trabalho de se demorar na despedida ao saber que, para mim, não havia a menor chance de dormir numa barraca em uma geleira durante um feriadão.

O quebra-gelo do iPod é outro artifício eficiente que se pode usar. Pergunte ao cara qual é a música mais constrangedora que ele tem em seu iPod. Se ele tiver senso de humor quanto a isso, é sempre um bom sinal, e além disso, a música que ele escolher pode revelar muita coisa. A minha é a versão de "No Matter What" do meu pai com Boyzone. Fetiche secreto por uma banda de meninos e idolatria ao pai ao mesmo tempo. Não admira que eu esteja solteira!

Se quiser uma imagem dos segredos mais profundos e cabeludos dele, só precisa ver sua lista de "Mais tocados". Se tiver músicas de shows demais, passe-o imediatamente para seu melhor amigo gay.

Se o encontro for maravilhoso, talvez você nem tenha que recorrer à sua lista de conversa, mas é sempre bom estar preparada e ter uma de reserva, já que o fator medo pode acometer a tagarelice de qualquer mulher solteira se houver um par de olhos castanhos hipnotizados nela. Por outro lado, você pode se descobrir na companhia de alguém excepcionalmente sem graça e nessa hora a lista de conversa fará o tempo fluir bem mais depressa. Se é você que está no controle da conversa, pelo menos não há aqueles silêncios horrorosos. Você estará fazendo as perguntas certas, de modo que ele ficará falando sobre vários tópicos. Procure conter os bocejos, mas talvez seja melhor não caprichar muito nisso. Uma amiga solteira saiu com um homem tão desinteressante que ela usou todos os itens da lista de conversa que tinha feito. Ele considerou o papo ininterrupto como um sinal da compatibilidade entre os dois e passou o ano seguinte inteiro usando seu blog na internet para dedicar poesias piegas e mal escritas a ela. Minha amiga teme até hoje que qualquer Objeto que realmente queira vá pesquisá-la no Google e encontre aqueles versos lamentáveis.

Comportamento

É claro que seu comportamento muda, dependendo do lugar. Animadíssima num bar (só deixando que ele diga alguma coisa de vez em quando), ou contemplativa e quieta numa galeria de arte. Mas existem regras óbvias que devem ser seguidas o tempo todo.

Tente não ficar completamente de porre. Além dos homens não gostarem, você também pode fazer alguma coisa da qual vai se arrepender depois. Obviamente não estou falando por experiência própria, ah, não. Se vocês vão beber, alterne a bebida com água, especialmente se vão tomar vinho no jantar mais tarde. Essa é uma dica importante, pode acreditar.

Homens gostam de se sentir como homens, por isso, se forem ao cinema, deixe que ele segure as entradas e a pipoca. Assim, durante o filme, você pode resolver se leva ou não a mão em direção à virilha dele, e com que regularidade. Isso também vai garantir que é ele quem fica cheio de pipoca grudada quando terminar a sessão.

Se forem jantar fora, não desanime se ele se recusar a falar até fazerem o pedido. Lembre que os homens só pensam em uma coisa de cada vez e que também só são capazes de tomar uma decisão de cada vez. Evite comida complicada. Se for comer macarrão, escolha penne em vez de espaguete, e se achar que vai querer beijá-lo, evite o alho e a cebola, a não ser que ele também coma. Claro que, se resolver que não quer que ele chegue nem perto do seu espaço pessoal, coma quantos condimentos fortes quiser.

Coma, por favor. Mulheres solteiras que só aparecem para se atormentar falando sobre o enorme sacrifício que fazem em sua dieta ao pedir uma simples salada sem dúvida deixarão o cara tão chateado que ele desistirá de ficar com elas depois do jantar, mais depressa do que se pode dizer "Preciso encontrar Bunbury". Em geral, procure não ficar histérica sobre comida na frente dele (um namorado platônico parou de sair com uma mulher solteira porque ela tinha medo de comer ervilhas e milho). Se algum tipo de desabafo for inevitável, procure fazê-lo carinhosamente; sofro de mania de comida, uma inveja intensa do pedido feito por qualquer pessoa que estiver comigo. Então, muitas vezes peço o mesmo que meu acompanhante ou aviso logo no início que talvez queira experimentar o prato dele (é óbvio que precisa tomar cuidado com esta frase). Comer do prato do outro pode ser muito sensual. Na verdade, a relação de alguém com a comida costuma ser uma boa indicação de outra coisa completamente diferente e agora é o momento perfeito para tratar do potencial dessas habilidades.

Os gourmands, que conhecem e apreciam a comida, tendem a dar valor e a saber o que fazem no quarto, ao passo que os apressados em comer também são um tanto rápidos demais naquele departamento. Os meticulosos, que escolhem muito a comida, são certinhos demais. Sempre desconfio se um namorado come menos do que eu e recusa a sobremesa. Como pode ser um homem de verdade? Esse deve jantar no espelho, ou ser ruim de cama, ou as duas coisas. Um agente que conheci numa viagem de trabalho a Los Angeles me mandou para um almoço às cegas. O homem em questão era produtor de um importante programa de televisão, mas logo ficou bem claro que éramos completamente incompatíveis. O sr. Produtor havia ido a uma festa de fim de filmagem na noite anterior, tomara duas vodcas e estava abaladíssimo com esse exagero. Depois não quis comer nada do que constava no menu porque tudo tinha que ser sem glúten, açúcar, gordura, prazer, e Deus nos livre se o molho não viesse separado. Não chegamos a lugar nenhum. Se eu quisesse testemunhar uma crise de mau humor no almoço, teria ido visitar uma amiga que tem filho pequeno.

Outro bom sinal de destreza no quarto é dançar. Um homem que é bom dançarino, que leva a mulher com firmeza mas também com suavidade, daquele jeito super sexy, é reconhecido universalmente como aquele que nos arrebata de forma sublime.

O encontro vai muito bem se nenhum dos dois olha para o celular. Se você passar a noite respondendo a todos os amigos com quem combinou de enviar mensagens de texto para mostrar que é popular, desista e vá procurar Bunbury.

É tradição o homem pagar nessa fase inicial. Mas você é uma mulher moderna, por isso sempre se ofereça para dividir, mesmo que não tenha a intenção de pagar. Se estiver num jantar no fim da noite com um homem menos confortável financeiramente do que você, talvez seja de bom tom ir ao banheiro e sutilmente pagar a conta no caminho ou, se ele deixar a mesa, aproveitar a oportunidade para cuidar da despesa. Isso garante que ele não ficará constrangido, que até pode reclamar brincando que você pagou, mas que ficará aliviado por não ter que encarar a possível indignidade de ter seu cartão de crédito recusado por passar do limite.

O último obstáculo do encontro que terá que transpor é a despedida. Estou tentando ensinar a uma amiga solteira que pensa que é falta de educação não beijar alguém que a levou para sair, que é ainda mais grosseiro beijá-lo e nunca mais falar com ele. Se você não quer beijá-lo, terá que se preparar, assumir o controle da situação ao se despedir, dar-lhe um beijinho rápido na bochecha e ir embora logo. Se ficar parada, ele pode atacar. Talvez seja útil investir numa lâmpada de segurança para a sua porta da frente. Além de afastar os ladrões, pode também assustar os Objetos que você não quer beijar.

Uma amiga solteira instalou uma do lado de fora da porta e "esquece" de informar aos caras que não quer beijar que essa iluminação existe. Enquanto ele pisca feito coelho pego pelos faróis de um carro, ela tem tempo suficiente para correr para dentro de casa sozinha e brincar com um tipo de coelho mais interessante.

O comportamento do homem quando o programa termina diz muita coisa. Alguns podem levar o cavalheirismo a um novo patamar. Uma distração da qual eu não tinha muita certeza mereceu um segundo encontro porque quando entrei num táxi ele deu uma nota novinha de vinte libras ao motorista e disse para ele me levar para casa em segurança. A questão não foi o dinheiro. Foi simplesmente que nenhum homem (hétero) tinha se comportado de forma tão galante comigo antes. Contei essa história ao meu irmão e ele disse que tinha esse mesmo gesto constantemente. Não admira que esteja sempre namorando. O nascimento da mulher moderna e independente não implica que a sociedade deva sofrer com a morte da educação mais antiquada.

O pós-encontro

Depois do primeiro encontro há duas situações. Ou você quer outro (ou está indecisa e acha que ele merece uma segunda chance para ajudá-la a chegar a um veredicto), ou não.

Se, afinal, resolver que essa distração não é para você, fica mais fácil. Desfazer-se do cara é descrito em mais detalhes no capítulo seguinte, mas, nesse estágio inicial, você provavelmente só terá que enviar um "obrigada" por mensagem de texto no final da noite e não entrar mais em contato. Se ele ligar do celular dele para o seu, não atenda, e se ele ligar de um número desconhecido e você atender acidentalmente, diga que ele a pegou numa hora ruim, ou que está numa reunião. Depois não responda às ligações; em vez disso, deixe passar uns dias antes de mandar um e-mail, ou mensagem de texto, com a resposta ao que ele perguntou, mas sem incluir qualquer pergunta e deixando bem claro que estará ocupadíssima no futuro próximo. Dessa forma, não será falta de educação, mas ficará bem claro que não tem jogo. Você não tem necessariamente que cortar um novo amigo. O círculo dele pode estar cheio de outros potenciais Objetos com os quais você gostaria de se distrair.

Se quiser outro encontro, não envie "obrigada" em mensagem de texto no fim da noite, porque assim estaria usando todas as suas cartas. Se esperar, terá a opção de enviar o "obrigada" num e-mail, ou por mensagem de texto logo de manhã. Afinal de contas, é questão de educação. Adiando a expressão de gratidão para o dia seguinte, você cria a oportunidade de terem uma conversa e fica mais fácil para ele sugerir um outro programa.

Se quiser continuar com essa distração específica, lembre da verdade dita por um dos solteiros mais cobiçados de Londres (mães e pais definitivamente liberam suas filhas quando se trata dele): se um homem quiser estar com você, ele vai encontrá-la. Depois do primeiro encontro, siga a regra de ouro que diz que o passivo é ativo. Bombardeá-lo com mensagens não é legal. Se você o quer, precisa ficar fria. Sim, amargas (muito amargas) lembranças pessoais surgem de novo. E lembre que, se ele for realmente sério, pode levar alguns dias para convidá-la a sair outra vez.

Uma amiga solteira recentemente teve que esperar quase uma semana para a distração entrar em contato depois do que ela achou que foi um encontro fenomenal. Acontece que foi tão bom que ele se assustou e teve que resolver se realmente queria uma namorada, ou não. Depois deixou o celular cair na privada e passou mais outros tantos dias para descobrir o número dela (aturando heroicamente a inevitável gozação geral de todos a quem perguntava e dos amigos comuns que contavam uns para os outros).

De vez em quando, você pode pular o estágio das saídas e ir direto para a transa. Se transou com ele na véspera, numa situação ao acaso, que não tenha nada de um programa normal, como um amasso no canto de uma boate, se quiser que o ato se repita você está proibida de procurá-lo no dia seguinte. NÃO VAI LEVAR A NADA. Nisso eu tenho o respaldo de todas as mulheres solteiras que ajudaram na pesquisa para este livro. No dia seguinte à transa, a bola está com ele. Você não vai se rebaixar e assumir a função de caçadora, deixe isso para ele.

Nesse momento, você ainda pode ter mais de uma bola em jogo. Há algumas vantagens em estar saindo com dois, até três caras. Quanto menos você se importa, mais distante fica. Quanto mais distante fica, mais o homem se sentirá atraído, já que terá que caçá-la. Em Nova York, é perfeitamente aceitável sair com vários homens, mas na Inglaterra nem tanto, pois ainda somos um pouco menos mercenárias nesse processo.

Uma mulher solteira de Nova York que conheço pergunta ao homem quanto ele ganha antes de aceitar sair com ele. E os homens estão tão acostumados com esse comportamento, que respondem, sem a menor hesitação. É claro que isso não acontece na Grã-Bretanha, onde qualquer menção a dinheiro só é considerada aceitável nos domínios das Marias Chuteiras.

A regra de ouro para o número de distrações em seu jogo é que, se você tiver problema para justificar isso a si mesma, então é problema. E se chegou ao estágio da troca de fluidos corporais, talvez esteja alimentando uma reputação de mulher solteira que não vai querer, no caso de haver mais de um homem envolvido.

Se estiver saindo com um estrangeiro lembre que as coisas podem ficar picantes na tradução. Minha distração hollywoodiana enviou uma mensagem de texto me chamando para "*hook-up*" [na gíria inglesa tanto pode significar "prostituir-se" quanto "se encontrar para fazer alguma coisa"] e eu na mesma hora, muito excitada, achei que era um convite obsceno. Até que um namorado platônico norte-americano me explicou que, para ele, o termo teria conotações mais inocentes.

A transa

Agora vamos tratar da troca de fluidos corporais com suas distrações, a safadeza deliciosa que pode resultar de quaisquer dos cenários descritos acima. Mais uma vez, não esqueça que essa deve ser a parte realmente divertida do namoro. Se não for, você vai ter que reconsiderar seriamente seu envolvimento com essa distração.

Os termos beijar, beijo e amasso viraram eufemismos educados usados muitas vezes para se referir a qualquer coisa, desde um amasso de leve até sexo completo. Em termos de beijo nas formas tradicionais, se ele for tão ruim de beijo quanto é boa pessoa, pode ser complicado. Alguns homens podem ser ensinados, mas se ele for horrível na primeira base, vai ser horrível em qualquer coisa depois dela. Aprendi isso do jeito mais difícil. Um homem que não era apenas o pior beijo do mundo, era também tão ruim de cama que foi uma sorte eu não ficar com aversão a sexo pelo resto da vida. Ele só conseguiu cortar meu tesão por louros. Agora só saio com tipos de pele morena porque a experiência foi muito desagradável. Mas talvez um dia encontre um Adônis louro (MySpace – me enviem mensagens se tiverem o número do celular do Daniel Craig) para me curar dessa fobia.

Você pode ser uma mulher solteira que saiba separar sexo de emoção e, nesse caso, vá se divertir. Mas se prefere o sexo temperado com um pouco de conteúdo, isso também deve ser comemorado. Parece ser um fato biológico da vida existirem menos homens do que mulheres convencidos disso. Só que por mais que eu e minhas amigas quiséssemos ser assim, e embora isso possa significar que às vezes temos que depender de outros métodos para obter satisfação (afinal, masturbação é a televisão da mulher, e do homem, que pensa), não conseguimos fazer sexo sem sentimentos envolvidos. Se um homem não é capaz de chamar a mulher de namorada, não conseguimos ir para a cama com ele sem que tudo acabe em lágrimas – e o choro nunca é dele.

Seja qual for o caso, velhos estereótipos não se desfazem com facilidade. Se quiser manter o poder da paquera, não faça sexo com um homem antes de tê-lo onde quer. Pode fazer todo o resto, mas todos os meus namorados platônicos confirmam que o ato em si sempre faz diferença. Depois de ir para a cama com alguém, você jamais poderá voltar atrás e os homens, se não estiverem amarrados em você, talvez não queiram seguir em frente. O solteiro cobiçado que mencionei há pouco só procura reprise com as mulheres que não vão até o fim com ele da primeira vez. E admite abertamente que se tivessem sucumbido, ele não se daria ao trabalho.

Alguns dos meus namorados platônicos acham uma ideia maravilhosa ter amigas de cama, mulheres com quem não têm laços, mas fazem sexo e aliviam a frustração física.

Você é uma mulher solteira, portanto, tem todo o direito de ter um amante cuja única função seja a de aliviar qualquer carência sexual que possa ter. Mas ainda estou para conhecer uma mulher solteira que tenha entrado nesse esquema e achado que funciona para ela, apesar de alguns namorados platônicos acreditarem que sim. Nas estatísticas oficiais, os homens dizem que transaram com mais mulheres do que as mulheres dizem que transaram com homens. Quer dizer que os homens estão exagerando, ou as mulheres estão sendo modestas. Ou então que, por algum motivo sobrenatural, todos estão economizando a verdade. Qualquer que seja o caso, os homens que conheço aceitam que suas amigas de cama não são namoradas platônicas.

Por definição, em um relacionamento realmente platônico, não se pode beijar. Se desconfiar que os hormônios podem levar a melhor na companhia de um namorado platônico, talvez seja necessário guardar distância, ou, por um tempo, ter sempre mais alguém com você quando estiver com ele, só para garantir que não será levada pelo calor do momento. A razão para eu ter tantos namorados platônicos é que não tivemos nem um beijinho de esquimó. Se achar que vai querer se despir com ele, você deve entender que depois que ultrapassar essa fronteira seu relacionamento jamais será o mesmo, embora a amizade possa sobreviver a um leve amasso, desde que seja do tipo humorístico.

Certa vez, eu estava numa reunião conversando com três gays. Então descobrimos que todos tínhamos beijado o mesmo homem, que todos o considerávamos namorado platônico. A bissexualidade é algo que todas nós devemos considerar com mais cuidado. Transforma tudo em opções e, como somos mulheres solteiras, não aceitamos que as nossas sejam limitadas. Algumas amigas experimentaram com mulheres e gostaram. Uma mulher solteira sexualmente ambígua diz que é sempre sensato ter suas primeiras experiências com alguém que saiba o que está fazendo e ela agora organiza idas de suas amigas solteiras mais curiosas a festas só de mulheres.

Existe a possibilidade de você se envolver com alguém do ambiente de trabalho, já que passa a maior parte do tempo lá. É inevitável que todos os seus colegas descubram, mas procure manter seu comportamento o mais discreto possível para que pelo menos sua capacidade profissional funcione. O que quero dizer é: nada de safadezas no local. Uma amiga teve seu distinto sutiã incrustado com brilhantes encontrado pelo diretor, pendurado nas costas de sua cadeira no início de uma reunião matinal. Ela o havia deixado lá depois de um momento de paixão com um de seus estagiários na noite anterior. Não foi nada bom. Felizmente ninguém podia tomar qualquer providência séria contra ela. Minha amiga fizera questão de saber exatamente quantos diretores da empresa estavam beijando suas assistentes pessoais.

Os diretores eram quase todos casados. Como costuma ser dito no processo de seleção, faça o favor de não se enrolar com pessoas casadas. As mulheres solteiras que tiveram casos com o chefe e com homens casados trazem essa má fama a todas nós, o que torna a administração do nosso mundo ainda mais difícil. Tudo isso só alimenta o fogo da ideia desconfiada que as mulheres casadas têm a nosso respeito.

Voltando aos métodos mais tradicionais de namoro, quando é a hora certa para fazer sexo com o namorado "exclusivo"? O consenso das mulheres solteiras, obtido pelo método preciso de reunir um grupo delas e dar-lhes vodca ao som dos grandes sucessos de Madonna, parece apontar para a regra do quinto encontro como definitivamente virginal, enquanto o terceiro encontro parece um cenário mais realista. Os métodos tradicionais para evitar a remoção das roupas antes disso são limitar o consumo de álcool e o tempo passado sozinha com ele, no seu apartamento, ou no dele. E não depilar a virilha e nem as pernas. Mas soube de uma mulher solteira que se tornou famosa por raspar as pernas durante o encontro.

Procure não parecer insegura pelo que considera defeitos do seu corpo. Ele provavelmente não terá notado antes de você chamar a atenção a respeito. Além disso, essa ansiedade não atrai homem nenhum enquanto seu físico certamente vai atrair. Os homens se excitam com seios, ponto final. Como eles não têm (se a sua distração tem, acabe com ele, ou obrigue-o a fazer regime), por uma reviravolta biológica do destino, ficam fascinados com eles. Seu objeto também estará ocupado demais se preocupando com o desempenho para reparar na sua barriga um pouco flácida. Não tema celulite, nem rugas – vários homens atraentes que eu conheço acham as mulheres acima dos trinta mais atraentes do que as mais jovens – porque elas sabem o que estão fazendo na cama e têm menos inibições. Deixe que a idade traga segurança dentro da própria pele, que isso é atraente. Graças a Deus!

Quanto mais velha você for, menos chocada deverá ficar se lhe for feita alguma proposta que ultrapasse os limites. Na verdade, talvez até ache a perspectiva tão irresistível que você mesma tratará de propô-la. É claro que terá que ficar dentro de algum tipo de zona de conforto, mas há sempre safadezas de diversos graus que poderá encarar. A distração de uma amiga solteira adorava algemas. As de metal não lhe diziam nada, mas as felpudas cor-de-rosa eram para ela um compromisso com o orgasmo. Mas guarde bem a chave das algemas. Uma amiga perdeu a dela quando fazia um ato solo (não pergunte) e a amiga com quem dividia o apartamento teve que ajudá-la a sair dessa encrenca. Felizmente foi a mulher que a encontrou, porque, se fosse o homem, ele provavelmente entraria na brincadeira.

Alguns homens se excitam demais com sexo anal (por isso muitas vezes têm fetiche pelas francesas, que supostamente são bem mais abertas para isso). Se você não for, sugira outras rotas para o casal, você fazer nele, por exemplo. Ele vai preferir correr um quilômetro do que jamais puxar o assunto de novo. Ou então proponha uma alternativa sem dor.

As pessoas são dadas a se excitar com as coisas mais extraordinárias, por isso não tenha medo de falar das suas fantasias. Elas devem ser bem prosaicas.

Certa vez, eu estava na fila da imigração no Aeroporto JFK, em Nova York, quando fui paquerada por um produtor de filmes. A fila era longa e acabamos descobrindo que os dois íamos à mesma festa de Dia das Bruxas com tema sadomasoquista e que tínhamos feito uma excursão pelas mesmas sex shops de Londres. Como solteiros liberados, pensávamos que tínhamos visto de tudo, mas mesmo assim conseguimos chocar um ao outro com as nossas escandalosas descobertas. (E quase toda a fila da imigração também, embora um casal de aposentados balançasse a cabeça de um jeito que indicava que já tinham visto/feito de tudo antes, ou talvez fosse apenas o fuso horário.)

Sexo acidental

É claro que o sexo não ocorre apenas em um relacionamento. Você é solteira e a menos que tenha uma força de vontade de ferro, de vez em quando, o sexo acidental ainda acontece. Os homens costumam ter sexo de uma noite, enquanto as mulheres têm sexo acidental (raramente a mulher solteira tem, desde o início, intenção de que a situação chegue tão longe, nem acredita que aquela comunhão vai acontecer só daquela vez).

Não se condene e nem sinta culpa pelo sexo acidental. Você se divertiu, na hora você queria aquilo mesmo, então pronto! Quase toda mulher solteira já fez, talvez apenas não admita. Sexo seguro é recomendável, mas pode não acontecer sempre. Você é uma pessoa adulta e pode muito bem procurar um farmacêutico, ou um médico, e cuidar disso, mesmo sofrendo de uma ressaca infernal.

Sexo acidental raramente resulta em um relacionamento. Por isso procure não fazer a bobagem de ter sexo acidental com alguém de quem realmente goste. Sei que é difícil, mas é aquela coisa irritante de caçada para o homem. Portanto, quando você faz sexo acidental com ele, ele conclui que já recebeu o prêmio. E é sempre assim: a única maneira de ele querer repetir o feito é se você se convencer de que ele nunca mais vai aparecer e tocar a vida. Quando um homem vê que você está funcionando fabulosamente bem sem ele, pode às vezes se interessar de novo.

A longo prazo, é bem mais fácil encarar o sexo acidental com alguém que você nunca mais terá que ver, embora exista um potencial muito maior de erro de avaliação nesse caso. Uma mulher solteira acordou e viu um homem bastante atraente, mas aflito, em sua cama. Perguntou qual era o problema e ele disse que precisava tomar um remédio. Para síndrome de personalidade múltipla. Foram precisos dois namorados platônicos e o cachorrinho shitsu do melhor amigo gay (o melhor amigo gay se assustou, por isso foi esperar por eles no bar mais próximo) para expulsá-lo quando a segunda personalidade declarou direito de usucapião. Não estou brincando.

Mas é mais provável que o ato aconteça com alguém que você conhece. Costuma ser com um colega de trabalho, ou com um namorado platônico. Se tiver sido com o primeiro, nunca, jamais comente o acidente no trabalho. Você não vai querer correr o risco de alguém ouvir e enviar uma mensagem, arruinando sua carreira. Mantenha sempre a pose quando estiver com ele, para recuperar o respeito. Se o sexo acidental tiver sido com um namorado platônico, e a menos que os dois percebam de repente que querem experimentar e tornem a experiência oficial, foi porque você enfiou o pé na jaca. Vai levar meses para voltar aos trilhos, se é que volta. Sinto muito.

O nascer do sol não é tão lisonjeiro como o cair do sol e se você estiver acordando de um sexo acidental, isso será mais verdadeiro ainda, em toda a sua gloriosa ressaca. Você não devia mesmo estar acordando na cama dele, já devia saber muito bem que era melhor convencê-lo a ir para a sua. Mas acidentes acontecem. Por isso, se acordar no apartamento da sua distração e, se for possível, escape muito cedo ou no meio da manhã, quando há menos gente nas ruas. Se tiver dinheiro, chame um táxi, mas não o de uma empresa que conhece bem você e sua família (o pai de uma mulher solteira foi informado pelo motorista de táxi de suas movimentações pós-coito). E nunca use a conta de táxi da empresa onde trabalha. Uma amiga solteira fez isso e apesar de haver autorizado, sua chefe, que era muito atenta, notou a despesa extraordinária e puxou o assunto na festa de Natal da firma.

Não poderá fazer grande coisa para minimizar a impressão de mulher fatal quando acordar na casa de uma distração que não divide o apartamento com nenhuma mulher. Mas você pode consertar qualquer problema com o rímel borrado usando a vaselina dele e lenço de papel. Esses itens devem ser encontrados bem perto da cama. É melhor não perguntar por quê. Se tiver que ir para o trabalho, ou a uma reunião de família antes de passar em casa, tome uma ducha, use os produtos que ele tiver no banheiro e erga a cabeça. As farmácias às vezes abrem bem cedo e uma solteira que entra no trabalho às dez pode passar pela maior loja de roupas, a Topshop, no caminho. Outra que estava tendo uma fase desregrada achou prudente ter sempre uma blusa extra no escritório para qualquer emergência. Se alguém visse, ela dizia que a blusa estava ali porque vivia apavorada de derramar alguma coisa na roupa. Ela era tão desajeitada quando comia que a desculpa parecia verdadeira.

Se você conseguiu ser mais sensata e o interlúdio aconteceu na sua casa, terá que enfrentar o despejo do Objeto. Comece a se arrumar para trabalhar fazendo bastante barulho. Ele deve entender o recado assim que você jogar o tubo de pasta de dente em cima dele.

Se você fez sexo acidental, a essa hora da manhã, tem a esperança louca de que ele vai procurá-la novamente e como ele ainda não tem seu número de telefone, precisa lhe dar. Existe uma forma um pouco mais sutil de passar essa informação sem tanto constrangimento. Finja que não consegue encontrar seu celular e peça para ele ligar do dele para fazer o seu tocar. E vejam só: ele fica com seu número, e você com o dele. Mas faça o favor de deixar que ele a procure. Você deve esperar que ele não vá ligar.

A outra forma de sexo acidental, a mais quente, é a do sexo com o ex. Emocionalmente é quase sempre um desastre completo, mas fisicamente não há nada tão delicioso, ou tão safado quanto redescobrir o corpo de alguém que você já namorou e de quem não devia, de jeito nenhum, se aproximar novamente. Vocês já conhecem seus botões sexuais e a curtição de transar com alguém a quem achava que nunca mais veria é quase sempre insuperável. A não ser que ele fosse ruim de cama desde o começo, claro, e aí será apenas um lembrete útil do motivo de não estar mais com ele.

Muitas solteiras têm histórias de sexo com os ex, mas nenhuma supera a situação de uma amiga supersensual. Liguei para ela para contar que seu ex tinha aparecido no programa *Breakfast TV* falando de sua "especialidade"... Minha amiga solteira tinha visto, estava assistindo à televisão na cama com outro ex. Ambos estavam empenhados numa guerra implorando para ela voltar. O principal motivo para que os dois a desejassem tanto era, claro, o fato de a minha amiga estar determinada a mantê-los como ex. Ela era mais feliz solteira do que com qualquer um dos dois e, com essa, chegamos ao capítulo final da nossa celebração das mulheres solteiras.

CAPÍTULO 9

Sobrevivência da mulher solteira mais capaz

Administração de um namoro longo, ou como cuidar e manter um relacionamento são assuntos de um livro completamente diferente, por isso neste último capítulo vamos tratar dos métodos para nos desvencilhar de uniões indesejáveis.

Nos encontros iniciais de paquera e namoro, qualquer relacionamento com uma distração será provavelmente ambíguo, pois nenhum dos dois saberá exatamente a quantas andam. Mas haverá um momento em que você, ou a sua distração, ficará tão insatisfeita com essa situação vaga que vai exigir alguma definição. Então, chega a hora em que você recupera seu status oficial e pleno de mulher solteira, ou o perde para se tornar uma mulher comprometida.

Muitas de nós costumam ter aversão ao confronto direto nesses assuntos de coração. É típico da mulher ficar aflita em evitar ser acusada de tomar a iniciativa, enquanto o homem só admite que foi domesticado com muita relutância. Por isso, se estiver sofrendo de uma crise súbita de timidez na hora de desnudar sua alma, apesar de já ter desnudado todo o resto, você pode receber esclarecimentos sobre o seu relacionamento de terceiros.

Certa vez fui a uma reunião com um Objeto, e alguém lhe perguntou, na minha frente, se eu era sua namorada. Ele ficou horrorizado, mas como era um rapaz bem-educado resmungou que sim, que eu era sua namorada. A impressão que ele deu de ser um rato numa ratoeira fez com que eu me preparasse imediatamente para o inevitável e foi exatamente o que aconteceu. Mais tarde, naquela mesma noite, Mickey acertou a situação quando ficamos a sós... Ele me deu o fora oficialmente. É claro que existem finais alternativos. Muitas solteiras que eu conheço descobriram que eram namoradas de alguém quando eles as apresentaram como tal. Às vezes a surpresa até chega a ser agradável.

Evidentemente que devia ser diferente e, num mundo ideal, se você descobre que se apaixonou por sua distração, ele devia sair por aí gritando que a ama mais do que o futebol etc. etc... Mas neste mundo sem compromissos, de substituições rápidas, minhas amigas solteiras e eu chegamos à conclusão de que para um número cada vez maior de homens conceder o status de "namorada" é complicadíssimo e seriíssimo.

Talvez você descubra que, nesse caso, a distração requer um certo empurrãozinho/administração, para oficializar a situação. Uma tática segura que muitas das minhas amigas comprometidas usaram é botar para funcionar o charme sério com a família e os amigos do Objeto (com os do sexo masculino, não se deve chegar a ponto de poder ser confundido com paquera). O resultado é que os mais próximos e queridos dele resolvem que a moça é "coisa boa" e começam a se referir a ela como namorada. Se todos em torno de sua distração já lhe deram esse status, especialmente se você conhecer os pais dele (ritual de sempre: roupa apropriada, lista de conversa etc.), é bem provável que ele se deixe levar.

De qualquer maneira o relacionamento ambíguo termina de uma forma, ou de outra: em compromisso ou com um fora (você sendo a que levou, ou a que deu o fora).

Compromisso

Ter um namorado firme é um imenso choque cultural para a mulher solteira. Passar de um pouco egoísta para algo altruísta é um salto gigantesco. Se você vai entrar num relacionamento, mantenha à vista o fato de que seu jeito espirituoso de mulher solteira foi o que fez, no início, com que ele se sentisse atraído por você. Qualquer comportamento irracional da parte dele deve ser rapidamente revidado. Por isso, se ele exigir que você faça aquela depilação chamada de Brazilian, você tem todo o direito de insistir para que ele também depile as costas e as nádegas. Justiça é justiça no amor e nos pelos encravados.

Você sabe que ser solteira pode ser extremamente divertido, mas quando dá certo também pode ser divertido estar com alguém. Os homens são maravilhosos quando a coisa funciona, mas a infelicidade que podem provocar também não conhece limites. Se ele não for bom para seu coração, ou para você de corpo e alma, dê o fora nele.

O fora

Quem dá o fora

As pessoas costumam dizer que o fim do namoro é uma decisão tomada em conjunto, mas todas nós sabemos que, na realidade, há sempre um que dá o fora e outro que leva o fora.

Se o seu relacionamento é muito ambíguo e você quer apenas deixar que morra naturalmente, talvez nem precise fazer qualquer coisa nesse sentido. Se puderem simplesmente parar de namorar em vez de provocar constrangimentos desnecessários para um e para outro, façam isso. Lembre que os homens tendem a pensar bem menos do que as mulheres nas ramificações dos encontros amorosos, por isso eles não consideram o relacionamento tão importante quanto você. Alguns dos meus namorados platônicos levaram o fora de mulheres que eles nem sabiam que estavam namorando, ficaram espantados e se divertiram com isso, de modo que há uma boa chance de você não precisar fazer nada.

Esse é o único momento em que é aceitável dar o fora em alguém pelo tratamento do silêncio. Se não for assim, trate de garantir que seu comportamento esteja mais de acordo com uma arena de adultos do que com o parquinho. As últimas palavras que o amor da minha vida me disse foram "até logo". Ele não me procurou mais, nem respondeu às minhas tentativas de fazer contato, num comportamento que foi o catalisador de uma crise nervosa minha. É óbvio que sua distração tinha algo de especial para você querer ficar com ele, por isso dê-lhe o respeito que ele merece e termine corretamente.

Mas aqui vai um aviso, antes de agir. Os tolos se apressam em começar um relacionamento, mas também saem correndo dele. É natural que você às vezes tenha ataques de pânico em pensar se quer ter um namorado para valer, já que depois de aperfeiçoar a arte de badalar da mulher solteira agora terá que aprender a arte de se comprometer, da mulher comprometida. No entanto, ser uma mulher comprometida não é necessariamente pior, é só diferente. Então, se tiver dúvida, não fuja apressadamente. Por mais que não goste dos hábitos desagradáveis dele, de se coçar e arrumar as partes toda hora, talvez isso não seja uma ofensa que mereça um fora sumário, a menos que ele faça isso na frente da sua mãe.

Claro que há momentos em que você é obrigada a defenestrar seu companheiro. Uma amiga trabalhava sob muita pressão no departamento de notícias de uma emissora de televisão em que o sistema de computadores caía sempre. Ela fez amizade com o cara da Informática – ele não tinha a aparência padrão de um maníaco por tecnologia, parecia normal, embora americano. No princípio, o relacionamento foi fantástico. Ela ainda não havia se relacionado antes com alguém tão sensível, que parecia compreendê-la tão bem. Quando precisava que ele fosse atencioso, ele era. Quando queria que ele recuasse, ele recuava. Suas amigas o adoravam. Ele lembrava seus nomes, suas histórias. Mas então a solteira dos noticiários entendeu: o cara estava lendo seus e-mails. Isso é assédio. Quando o comportamento de um homem com você – ou o seu com ele – degenerar e cair nesse esquema (dar uma espiada no celular para ler as mensagens de texto, verificar o registro de chamadas...), mostrar a ele, ou a você mesma, a porta virtual passa a ser a única escolha.

Se é você quem dá o fora nele, tenha modos. Não precisa se rebaixar até o radicalismo de péssimo gosto, tipo Britney Spears e Kevin Federline, e declarar o divórcio por mensagem de texto. E-mail é um pouco menos horroroso, mas um telefonema, ou até uma conversa cara a cara são preferíveis e mais adequados. Explique gentilmente que não está dando certo para você, mas que foi muito bom enquanto durou, e caia fora.

Às vezes, a distração se recusa a aceitar o conceito de que você simplesmente não quer ficar com ele e não para de tentar permanecer em seu mundo. Quando isso evolui a um nível ridículo, você talvez tenha que ser um pouco mal-educada, mas não há necessidade de ser extremamente grosseira, basta ignorá-lo. Afinal de contas, ele é humano e vai acabar entendendo o recado, mesmo se for por acaso, e não propositalmente. Uma amiga solteira deu o fora em um homem que simplesmente não aceitava um não como resposta e foi tão coberta de presentes, flores e balões românticos enviados por ele que começou a distribuir tudo aquilo para as amigas. Infelizmente cheguei atrasada e tudo o que restava quando tive acesso a essa distribuição era um balão em forma de golfinho. Logo depois, o ex dela me viu dando o presente no ponto de ônibus, a um menino que achou o balão engraçadíssimo. Quando vi a expressão chocada do ex avisei a minha amiga solteira que talvez ela não tivesse mais notícias dele dali em diante. Foi o que aconteceu.

Quem leva o fora

Rejeição é algo que todas temos que enfrentar um dia, mas ser descartada nunca é fácil. Há certos procedimentos que você pode usar para tornar o processo de levar o fora um pouco menos doloroso.

Quando ele diz que está tudo acabado, seja pessoalmente ou por telefone, aceite tranquilamente o que ele diz e depois faça todo o possível para se afastar e assim manter o máximo de autorrespeito. Se for por e-mail, espere pelo menos 24 horas e peça para suas amigas revisarem sua resposta antes de enviar. As coisas que se diz no calor da paixão raramente são bonitas à luz fria do dia. Todas nós já fizemos isso. Uma amiga teve um ataque de fúria e derramou uma taça de vinho no companheiro em um restaurante antes de sair marchando... Mas teve que voltar para pedir que ele lhe devolvesse as chaves sendo ovacionada pelos amigos à mesa. Furioso com a mancha de vinho que estragou seu adorado casaco do exército e humilhado diante de um maître a quem ele passara anos dando boas gorjetas para garantir um atendimento especial, o sujeito deixou as chaves caírem dentro do prato de sopa dela, saiu a passos largos e nunca mais falou com a minha amiga. Ela ainda teve que pagar a conta. Comportamentos intempestivos nunca fazem sucesso.

Quando tiver se afastado dele, trate imediatamente de dar a ele o mesmo toque/mensagem no celular que deu a todas as decepções anteriores, os caras que prometeram mas não corresponderam (PMNC). Os PMNCs são uma seleção de cafajestes que ferem egos e até partem corações. Para esse grupo de PMNC recomendo programar a opção de ruído mais ridícula que o seu celular tiver (patos grasnando, por exemplo), de modo que, se ele algum dia ligar para você, os sons que saírem do seu telefone farão você chorar de alegria, em vez de desespero. O fato de haver mais de um homem nessa lista reduz a significância de cada um deles a um pontinho bem fraco no seu radar e serve para botar tudo em perspectiva – você já sofreu isso antes, você sobreviveu, haverá outros Objetos. Edite o nome dele no celular como um bom motivo para não ligar. Por exemplo, pode renomeá-lo como "Meu nome é encrenca", ou "FDP". Mas saiba que uma amiga solteira, superorganizada, sincronizou todos os seus contatos telefônicos do celular com os contatos de e-mail e então enviou um e-mail gerado automaticamente para todos em seu caderninho de telefones, com as informações que tinha sobre eles, pedindo aos destinatários para verificar e atualizá-las se fosse necessário. Infelizmente, aquele

"Pênis Pequeno" e os outros PMNCs para os quais tinha dado apelidos semelhantes viram os nomes que ela havia escolhido para eles. Talvez não tenha sido o momento mais mágico da vida dela.

Pelo bem de sua sanidade mental, é essencial manter uma boa visão de tudo e não colocar seu Objeto num pedestal de perfeição quando ele não merece tal posição. A ausência dele não deve fazer com que seu coração se apaixone ainda mais, porque por mais convencida que esteja de que foi uma união forjada no céu, o céu resolveu que não foi. Não tem sentido ficar sonhando acordada cenas infindáveis em que ele a arrasta até a Dixons e declara seu amor infinito diante das câmeras de vídeo para que a cena seja transmitida para todos os aparelhos de TV da vitrine da loja, num clima de comédia romântica ao estilo de Richard Curtis, como em *Um lugar chamado Notting Hill.* Qualquer outra coisa que não seja sexo com o ex raramente funciona e isso só dura o tempo do(s) orgasmo(s).

Se um Objeto terminar com você, procure não pesquisar na internet, nem infernizar os amigos comuns para saber o que ele está fazendo e com quem. Se surgir a oportunidade, abstenha-se de verificar os e-mails dele, ou seu telefone celular.

Um homem que tinha um quê de playboy estava terminando o namoro com uma grande amiga minha. Ele sempre verificava seus e-mails no computador da casa dela e muitas vezes esquecia de se deslogar. Então, um dia, no mais completo desespero, ela deu uma espiada. Foi um erro. Ela podia muito bem passar sem saber os dados específicos dos filmes pornô que ele estava comprando, ou de algumas mulheres solteiras que ela conhecia, lamentando o sexo acidental que haviam tido com ele. E também acabou sendo um desastre de moda para ela, porque, depois disso, teve que continuar mantendo contato visual com ele e com essas mulheres durante meses a fio. Foi forçada a usar óculos escuros enormes em todos os lugares que ia e acabou provocando o triste apelido de "Bono".

Sempre haverá algo positivo que você pode tirar da experiência – exploração, se quiser. Minhas amigas e eu agora temos uma piada corrente que diz que tiramos de cada ex uma "utilidade", que ficará conosco por muitos anos. Quanto mais sem graça, maior a diversão.

Um homem girou meu aparelho de TV vinte graus para a direita e meu prazer com a visualização aumenta toda vez que ligo a TV. Uma amiga solteira levou isso mais adiante ainda, pois tirou a utilidade do namorado infiel antes de os dois terminarem o namoro. Ele tinha o dom de um Jamie Olivers, por isso ela fez com que ele lhe ensinasse a fazer os mais deliciosos doces de chocolate derretido (um com chocolate quente, grudento, escorrendo de dentro).

Implemente até onde puder a política de procurar não brigar nunca com um ex. Tenho uma amiga verdadeira que usa o sofisticado método de só sair com homens de um certo bairro de Londres, a quilômetros de distância da casa dela, porque assim limita a possibilidade de ver seus ex quando vai fazer sexo na casa de um novo amante. Mas ela não é normal. O resto de nós corre o risco de esbarrar com ex de vez em quando. Não é fácil, quando se está sozinha e o ex está com uma mulher nova, mas um dos riscos ocupacionais de sair muito vai acabar dando de cara com ele. Afinal, vocês devem ter se conhecido numa saída dessas. Uma amiga sabiamente diz que a única hora em que é aceitável encontrar um ex-namorado é quando você está em traje de gala, de braço dado com um homem mais bonito e mais bem-sucedido, enquanto ele acabou de sair da academia. Infelizmente a vida nem sempre funciona desse jeito.

Mas você é uma mulher solteira feliz, de bem com seu lindo corpo, por isso, mesmo que trombe com ele na volta da malhação – e isso já aconteceu comigo –, você vai estar com uma roupa de ginástica muito bonita. E isso tem alguma importância? Eles vão lembrar perfeitamente de você em posições bem mais comprometedoras.

Com determinação, você conseguirá o equilíbrio mental sobre os namoros que deram errado. Por mais horríveis que sejam, você enfrenta. Existe um motivo para vocês não estarem mais juntos, seja a cegueira dele que o impede de ver como você é incrível, a oportunidade, a distância... Não deixe que ele a faça querer se esconder. Ele já fez você sofrer demais. Quando enfrenta um relacionamento que não deu certo, uma das minhas amigas solteiras procura aprender tudo o que puder dessa experiência e depois encara a situação como se apertasse o botão de "novo jogo" no computador. Você segue em frente, começa tudo de novo e, com o que aprendeu, tomara que se dê melhor da próxima vez... e marque pontos com maior frequência.

O fim?

Terminamos a nossa jornada,
fazendo um brinde à mulher solteira
em toda a sua esplendorosa glória.

Então, você está solteira? Sua vida não acabou, apenas começou. Você mantém as opções em aberto até aparecerem as que valem a pena, e essa é a decisão correta. Segundo as estatísticas oficiais, são os homens, e não as mulheres que tendem a ficar solteiros. Se quiser uma distração, as chances estão a seu favor. O mundo de hoje legou à mulher solteira a dádiva do tempo, que não é mais seu inimigo como antes. Ao contrário, ele está do seu lado, por isso não entre em pânico. A média de idade das noivas e mães está aumentando sempre, a sociedade está compreendendo que é mais saudável ter mulheres realizadas e seguras balançando e dominando o berço e o mundo.

Não existe um caminho certo, ou um errado. E as mulheres solteiras têm sorte, já que outras nos abriram caminho, seja dando uma de Madonna e casando com um garoto brinquedo mais tarde na vida, seja optando pela rota de Elizabeth I e evitando de vez o matrimônio, para flertar e deixar um rastro de admiradores. Temos a chance de aproveitar os frutos desse pioneirismo, portanto, vamos aproveitar. Não há nada o que temer em ser solteira. Ao contrário, é um estilo de vida que pode ser celebrado com amigos, com a família... e com calçados fabulosos. Este livro só diz que você merece se satisfazer, estar bem dentro da própria pele e acompanhada de quem mais lhe agrada – e as pessoas em seu mundo darão valor ao efeito secundário, porque a felicidade que você irradia será contagiante.

Uma mulher solteira tem, sem dúvida, muita sorte, pois além da liberdade de levar a vida que quiser, só precisa de um pouco de administração.

Este livro foi impresso na Editora JPA Ltda.
Av. Brasil, 10.600 – Rio de Janeiro – RJ
para a Editora Rocco Ltda.